ミネルヴァ世界史〈翻訳〉ライブラリー 5

家族の世界史

メアリー・ジョー・メインズ／アン・ウォルトナー 著
三時眞貴子 訳

ミネルヴァ書房

刊行にあたって

「これまでの世界史を刷新する必要がある」、「新しい世界史が求められている」と叫ばれてすでに久しい。ヨーロッパ中心的な発展段階の叙述でも、国民史の雑多な寄せ集めでもない世界史を構想するという課題は、「グローバル・ヒストリー」や「ビッグ・ヒストリー」といった新たな問題提起と対話しつつ、いまやそれをどのように書くか、具体的な叙述としていかに世に問うかという段階に至っている。

「ミネルヴァ世界史〈翻訳〉ライブラリー」は、そうした新しい世界史叙述の試みを、翻訳というかたちで日本語読者に紹介するものである。選書にあたっては、Oxford University Press社のNew Oxford World Historyシリーズ、Routledge社のThemes in World Historyシリーズに収められたものを中心に、それ以外からも広く優れたものを収めることを目指した。ここに紹介する書籍が、日本語での世界史叙述の刷新に少しでも寄与することを願っている。

二〇一二年一〇月

監修　南塚信吾
　　　秋山晋吾

家族の世界史　目次

《翻訳にあたって》

本文中の（ ）及び引用内の［ ］は著者によるもので、原注は（1）などと表し、各章末に置いた。また訳者の補足的説明は〔 〕に入れた。特に説明が必要だと判断したものについては訳注として〔1〕などと表し、原注に続いて各章末に置いた。また本書の引用部分で〈 〉に入れたのは、参考にした他の翻訳書の訳者による補足である。なお、原書でイタリック表記となっている箇所は日本語訳にあたり、傍点を付して区別している。

原著には小見出しがついていなかったが、読みやすさのため、各章をいくつかに区切り、適宜、小見出しをつけた。

序章　ディープ・ヒストリーとしての家族史

◆二つの視点

人々は常に家族とともに暮らしてきた。しかしその意味は時間とともに劇的に変化した。家族は歴史的に構築された制度であり、自然に生み出されたものではない。家族はそれ自体が歴史を持つと同時に、歴史を作り出してきた。これが本書の出発点である。本書は、紀元前一万年以降の、文化を超えて長期にわたって展開してきた家族史を読み解くものであるが、家族史の全てを網羅しようとするものではない（かなり分厚い本にしたとしても、そんな試みは全く馬鹿げている）。本書の目的は、家族を物語の中心に据えたときに、世界史はどのように見えるのかという疑問に答えることである。

歴史の中心に家族を置く方法は二つある。本書で提示するこれらの方法は、相互に関連しているが同じものではない。まず、家族それ自体と、家族の時代的、空間的な多様性に焦点を当てる方法である。例えば出産方法、性別役割分業、あるいは配偶者の選択、つまりある時代と場所における家族生活のあらゆる側面に注目するものである。次に、これらの家族生活が時代とともにどのように変化したのか、それぞれの文化が家族生活を営むために独自の方法をどのようにして見出してきたかについて探求する方法である。この二つの方法を用いることで、社会的制度としての家族が歴史を持っていること、そして家族が自然のものでも、時代や社会を超えて普遍的に存在する人類共通のものでもないことを示すことになる。

例えば、男性が同時に一人以上の妻を娶った時代や地域もあったし、結婚後も子どもたちが一方の配偶者の両親とともに暮らすことが一般的であった時代や地域もあった。第一の方法でこうした多様性を明らかにした上で、続いてそれがどのようにして生じたのかを検討すると、多くの時代と場所では、結婚相手は、彼らの親によって決められたことがわかる。こうした慣例は全て、当事者にとっては通常で普通のことである。幅広く様々な慣例を見ていくことによって、それらのどれもが（我々自身の家族の体験も含めて）「自然」ではないこと、すなわちそれらは全て社会的、歴史的な構築物であることを理解できるだろう。本書において、家族のあり方には、時代を超えて変わるものと変わらないもの、文化を超えて共通するものと異なるものがあることを見出すだろう。このように、歴史の中心に家族を据えることで示そうとしている事象の一つは、家族構造は時代によって変化するものであり、これらの変化が、社会的、政治的、文化的変容と歴史的に意味のある形で関係しているということである。

◆家族の定義

家族（family）は歴史的な変化の担い手であるが、世帯／家（household）は歴史が存在する場所である。例えば子どもたちは家族の中で社会化される。二一世紀のアメリカ人はどうあるべきかを最初に学ぶのも、一六世紀の中国人がどうあるべきかについて学んだのも家族の中においてであった。この家族における社会化は、文化的アイデンティティ、あるいは国民的アイデンティティ構築の鍵となるものである。文化資本と宗教的価値観もまた、家族の中で受け渡された。家族は個人や集団に性格を与え、その運命を決定づけた。家族によって、また家族の中で行われた取り決め（結婚に関わる選択や財産の相続、子どもの教育をめぐる決定など）は、経済システム、国家政策、あるいは知的潮流とともに社会的大変動を引き起こすことや、逆に社会的安定を促すこともあったが、ときにはそれらよりもさらに強力に作用することさえあった。

権力それ自体は、家族の家庭内領域から区別された「公的」生活を支配するものとみなされがちだが、権力が文字通りに、あるいは比喩的な意味で、家族に言及することなしに理解されることは滅多にない。例えば、王権は支配者の系譜を通じて次代に受け継がれるが、しかし公に民主主義を標榜する国家においてさえも、影響力のある家族が、選挙を通じて権力を掌握することもしばしば起こる。そうした支配者がいない場合でさえ、「人類皆兄弟」あるいは「建国の父」といった家族的な比喩が、政治的な見解にかなりの影響を与えることがある。

別の例を引けば、商人や企業のエリート家族が遠隔地貿易を始めるため、あるいは商業でさらなる利益を得るために親族ネットワークを用いているし、移民の動向は、経済的な魅力といった理由だけではなく、家族的なネットワークを拠りどころにして決まることもある。このように政治、経済、移民を見ていくと、家族は単なる客体ではなく、歴史的変容の主体として浮かび上がる。

このような歴史を描く前に、家族の意味を明確にしておく必要がある。本書の目的に照らすと、家族を一般的かつ包括的に定義しておくことは有益である。家族は、結婚や類似のパートナーシップ、血統、そして／あるいは養子縁組による文化的に認識された紐帯で結びつけられた人々からなり、多くの場合、一定期間、同じ世帯を構成する小集団と定義する。この同居は常に一時的なものであり、家族サイクルの段階に応じて変化するものである。したがって、家族と世帯は必ずしも一致しているわけではなく、家族は、常に同居していたわけではない。例えば娘が結婚して新しく夫の家に引っ越すとき、あるいは息子がいとこの店で徒弟修行を始めるために家を出るとき、あるいは子どもが奴隷として売られた場合、その関係性は変化するだろう。しかし誰かが家族の住む家から出て行ったからといってその絆は簡単に壊れるようなものではない。さらに言えば同居しているからといって、家族や親族であるとは限らない。

家族としての関係を持たないもの同士が、世帯を共有することもあちこちで行われている。例えばルームメイト、徒弟、奉公人は、世帯を共有していてもお互いに婚姻や血縁などの関係はなく、お互いを家族として認識していない人々の典型例である。したがって、家族史は世帯の歴史と結びついているけれども、同じではない。家族の一員として誰を数えるかは、社会によって異なっている。ある社会では、あなたの母親の又いとこが親類であることは周知の事実であるが、他の（我々のような）社会では、多くの人々は母親の又いとこの名前さえ知らない。様々な社会が自らの親族関係をどのように記述しているのかを検討するために、家族を広くかつ包括的に捉える定義をここでは適用する。もし対象とする人が、ある人を親族とみなしたならば、ここではその理解に従うことにする。

◆本書の時間的・方法論的枠組み

本書が対象とする時代は、非常に長きにわたるため、野心的な試みに見えるかもしれない。しかしながらこれが最も広い意味でのグローバル・ヒストリーの一部分に過ぎないことも事実である。ますます、歴史家は「ビッグ・ヒストリー」に興味を持つようになっているが、「ビッグ・ヒストリー」は、地質学的視点を取り入れた歴史、すなわち地球誕生以降という地球の真の歴史に基づいて時間枠を想定するものである。この極めて長い地質学的時間枠よりも短くはあるものの、歴史学が伝統的に分析の対象としてきた文字で書かれた記録の最古のものが出現する以前に遡って、数千年にわたる人類の発展に関する事象を理解する必要があると主張する歴史家もいる(1)。長期的な視点を持つことは、時間枠を短く制限することで研究対象から外れている様々な人間の発展過程と社会生活の諸形態に光を当てることになる。

空間のメタファー（spatial metaphor）を使うことは、時間について考えるのに有効である。すなわち紀元前一万年からの家族の歴史を書くことで、全体像を一種の航空写真のように示すことができるが、この全体像を用いて、ある特定の時期の個別的な物語についても検討することができる。この長期の時間的枠組みは、詳細を覆い隠してしまうことになるとしても、大まかな輪郭を描くことを可能にする。その一方で、このディープ・ヒストリー／深層史[1]はまた、我々に方法論的洞察も与えてくれる。「前史」時代を検証している考古学者にとって頼みの綱である物質的な証拠について考えることで、より多くの文字史料が存在している比較的最近の時代に、物質的な証拠が何を意味しているかについての新しい知見がもたらされるからである。こうした証拠は、例えば人類の発展過程を映し出す一つの場所として世帯を検証し、まさに人類誕生の起源から人類史を動かしてきた動力として家庭内の諸活動を探究する際に、興味深い知見を提供してくれる。本書は、特に家族に焦点を当てているが、この手法を用いることで、ディープ・ヒストリーについてより広い観点からの議論を行っている。すなわち、人間であることは何を意味するのか、そして世界史を非常に広範囲の時間枠で捉えることによって、人間の過去と現在にどのような新しい理解と洞察をもたらすのかについて論じる。

注

（1） Daniel Smail, *On Deep History and the Brain* (Berkeley: University of California Press, 2008); David Christian, *Maps of Time: An Introduction to Big History* (Berkeley: University of California Press, 2004); Mary Jo Maynes and Ann Waltner, "Temporalities and Periodization in Deep History: Technology, Gender, and Benchmarks of 'Human Development.'" *Social Science History* 36: 1 (2012), pp. 59–83.

訳注

〔1〕いわゆる先史の時代から現代までの長期的な展開を、人間の行動や文化の相互作用から読み解くもの。

第1章　家庭生活と人類の起源——紀元前五〇〇〇〇年まで

◆「狩人たる男性」理解の再検討

ユーラシア各地の居住地跡では、紀元前三万年から四〇〇〇〇年の間に作られたとみられる女性の土偶が見つかっている。考古学者たちが見つけたこれらの土偶は、生殖機能を強調する姿をしていた。学者の中には、これを古代の地母神に基づく宗教的儀式が広まっていたことの証拠とみなす者もいる。この主張は証明されてはいないものの、こうした土偶が各地に存在したことは、人類の文化が形成され始めた時期に、母親を模した像が重要な象徴であったことを示す材料として重要視されている[1]。

最古の人間社会についての物質的な資料（土偶だけではなく、住居と道具など）が次々に発見され、それらを解釈するための科学的な手段は絶えず改良され続けてきた。その結果、これらの手段を用いて考察される最初期の人間社会における家族関係とジェンダー関係に関する歴史学的、考古学的理論もまた、時代とともに変化することになった。ヨーロッパにおいて最初に実地調査を行った考古学者の一人である、一九世紀のドイツ系学者、ヨハン・バハオーフェン[1]は、次のような仮説を導き出した。

人間の最古の社会編成は複数の相手と性的関係を持つ乱婚を前提としていたが、母権的つまり母親優位の社会によって初の人間文化（human culture）と言いうるものが形成されたことにより、すぐさま秩序が課されるようになった。バハオーフェンの見解では、家父長制（すなわち父親あるいは男性優位）に基づく家と社会は、人類史の当初から存在したのではなく、人間の進化の過程の中で、原始的な「母の支配」に取って代わったのである。(2)

初期の文明にとって母親や家庭生活が重要であるとする一九世紀の主張は、西洋の学者たちが、人間社会の起源を「狩人たる男性」に焦点を当てて説明するようになったため、二〇世紀にはほとんど言及されなくなった。一九八〇年代初頭まで科学者たちに共有されていた支配的な主張は、男性の狩猟活動が技術的発明をもたらし、人類の初期の文化的発展を導く社会の組織化を促進した、というものであった。この考え方によれば、男性は仲間のために互いに争い、仲間や子どもたちのために食べ物を供給した。この労働分業はおそらく女性が子どもを産み、育てることに注力することを可能にしたとされる。この見解に基づくと、女性、そしてより広く家庭生活は、人間の進化において、せいぜい受動的な役割しかなく、その大部分は出産に制限され、文化的な用語ではなくまずもって生物学的な用語で理解されるものであった。

一九八〇年代には、これまで見過ごされてきた、あるいは用いることができなかった物質的な証拠やそれを分析する新しい方法を用いたフェミニストの学者たちによって、ジェンダーに関する新しい考え方が主張され始め、現在もさらなる修正が加えられている。議論は今も継続中であり、意見の一致は未だみられてはいないが、近年、学者たちは、原始的母系制の概念を否定した場合でも、原始の文化を第一に男性による活動の産物として捉える考え方には異を唱えている。

原始の文化を再検討するための新しい材料の一部は、霊長類学からもたらされている。チンパンジー（我々に最も近い霊長類の仲間）の研究は、メスが食べ物をオスに依存していないことやメスのチンパンジーが独創的な道具の制作者であることを示した。さらに、狩猟採集社会研究からもたらされた資料は（現在と過去のどちらについても）、狩猟採集の食事が非常に多様であったこと、すなわち大きな狩猟肉が唯一の食料であったわけではなく、女性の食料収集が集団に必要な栄養の大部分を担っていた可能性を示唆している。現代の狩猟採集社会からの推論は（言うまでもなく他の動物種からの推論も）、歴史的な議論においては非常に注意して適用すべきなのは当然ではあ

粘土で作られた女性像

紀元前6000年に作られたものであり，現在のシリア北部で発見された。こうした像が，ユーラシア大陸にある，初期の人類が住んだとみられる居住地跡からよく発掘されている。乳房が強調されているが，これは原始社会における儀式と人間の生殖との関係を象徴的に示唆するものと考えられている（Erich Lessing/Art Resource, NY/*The Family,* p. 2）。

るが、新しく、また生産的な方法で初期の人間社会について考察することを可能にするパズルの一ピースとなっている。

現代人と類似する遺伝的特徴を持つ人類は、数十万年も前から存在している。我々と近い親戚関係を持つ人類は、まず二〇〇万年前に東アフリカに登場した。東アフリカや他の場所にある最古の居住地の一角から出土した考古学的証拠は、初期の狩猟採集社会が様々な食材に拠っていた事実を示している。今日では、これらの調査結果は、食料の獲得と共有において、したがって人間社会の進化において、親族と家族の関係性が、まさに最初から極めて重要な役割を果たしていたことの証拠とみなされている。

狩猟採集集団は非常に移動性が高かった。野営地の場所と食べ物や骨に関する証拠は、男女ともに移動していたことを示唆している。例えば東アフリカで発見された前農耕社会の出土品は、狩猟と採集で取れたものを共有するために、男性も女性もいくつかの場所を定期的に行き来していた可能性を示している。東アフリカの自然環境のもとで暮らすために、狩猟と採集という異なる方法を用いた複数の集団が存在したが、狩猟の獲物である動物の骨と、採集や放牧に使われた焼き物のかけらが一カ所に混ざり合って発見されたことは、これらの諸集団間での混合婚（intermarriage）（異なる集団、部族、民族、国民、社会階級間での結婚）があったことを示していると考えられる。[3] 初期の人間社会は、様々な形態の性別による労働分業に依存していた。しかし、このことは、女性を生産労働（とりわけ食料採集）と出産の両方に従事させることになった。さらに、最も継続した社会の単位は、母と子という単位であり、異性間の結合に基づく男性優位の世帯ではなかったように思われる。人間の文明が出現したころは「母親による支配」が特徴的であったとするバハオーフェンの主張は、完全に正しいとは言えないかもしれないがしかし、女性が自身と自分たちの子孫を養い、集団生活を組織することにおいて、かなり積極的な役割を果たしていたことを示す十分な証拠が存在する。

◈農業および定住生活への移行

食料採集は、約一万年前から始まった複雑な文化の出現を促した多様な生活形態の中核を占めていた。生活手段の主要な形態は、狩猟と採集（すなわち、主として家畜ではない動物と自然に生えている植物に食料を依存する生活）、牧畜（主として群れをなす家畜を食料とする生活）、農業（家畜と栽培された植物を食料とする生活）であった。紀元前一万年ごろかその少し前から、すなわち氷河期の末期には、人間が集団で定住するために建築物や住居を建て始め、農耕生活を始めた。世界各地で農業だけではなく他の方法で食料源を確保していたことが確認できるが、その場合、たいていが遊牧か半遊牧の生活であった。安定した農業生活が営まれていた場所でさえも、農業生産を補うためにその他の食料源を得ていた。家族の役割と家族関係の歴史は、これらの食料獲得の多様な手段と密接に関係していた。

長い間、西洋の学者たちは、農業が紀元前一万年ごろの肥沃な三日月地帯として知られる中東地域で最初に行われたと考えていた。中東地域でこの重大な変化が起こった正確な経緯を突き止めるのは難しい。最も妥当であると思われる説明は次の通りである。自分たちや家畜が食べる草や植物を集めていた人々は、植物の種が貯蔵場所の近くで芽を出し、生い茂っていることに気がついたのではないだろうか、と。偶然的な「作物」生産は、時間の経過とともに、採集を補うため、そして結果的に採集に取って代わる永続的な食料獲得のための戦略として採用された(4)。

農業は、肥沃な三日月地帯以外の場所でも発明された。最近の考古学上の発見によると、植物栽培の起源は、アフリカ、南インド、ニューギニアを含む、少なくとも一〇カ所の地域にあることがわかっている。とはいえ作物を育て始めたからといって、食べ物を獲得する方法を農業に替えたわけではなかった。すなわち多くの地域では、人々は狩猟や採集を続けつつ、彼らの食料を補うために農業を試みていたと考えられる(5)。

農業は、土器やかごの製造技術といった他の重要な発明と結びついていた。すでに発明されていたこれらの技術は、今や作物の貯蔵に必要な容器を製作するために利用されるようになった。土器製造に使われた窯は、一部の地域において、金属加工の技術の発展を促した。さらに、それによって金属の鋤などの様々な種類の農機具を生み出すことを可能にした。これらの発明によって、新しい作業が徐々に生み出され、古い作業が必要ではなくなるという事態を引き起こしたために、世帯内で新しい労働分業が促された。

農業の導入は、人類が発展するための偉大な第一歩であると長い間みなされてきた。同時に、農業の導入は、農業を選択したことによって生じた諸変化をまとめて説明する「新石器革命」という歴史的進化についての基本的な諸概念の一部になった。農業は、間違いなく、我々が理解しやすい世界へと移行する印であった。また、農業は、より多くの人々が特定の場所で継続的に生活することを可能にし、より大きく密集した居住地の増加に決定的な役割を果たした。そしてその結果、より複雑な社会が出現することになったのである(6)。

しかし農業に基づいた生活形態はまた、新しい諸問題をもたらした。農業や動物の家畜化は生態を劇的に変化させた。残った骨からは、初期の農耕社会の方が、ほぼ同時期の狩猟採集社会よりも病気にかかりやすかったことがわかる。家畜は新しい病気を農業従事者に媒介した。密集した居住地は、コミュニティ内での病気の蔓延をもたらした。初歩的な技術しかなかった状況において、農業は飢餓を導くという失敗を犯しやすかった。石器時代末期のヨーロッパ人農夫の骨格分析から判明したのは、それより前の狩猟採集社会の人々よりも彼らの身長が低かったことである。このことは、農業従事者が増加するにつれて、狩猟採集社会の人々よりも、平均すると一人当たりの栄養摂取量が少なくなった可能性を示唆している(7)。ここでは原因や影響を明確に説明することはできない。とはいえ人口の増加か、あるいは資源の枯渇を原因として、狩猟採集が実行可能な選択肢ではなくなってはじめて、定住型農業を行う社会になったと考えられる。

さらに農業は狩猟採集よりも労働集約的である。初期の農耕社会において、その変化の程度は様々ではあったが、農業によって、男女ともに日々の労働時間が増えたと考えられる。

農業と定住生活への移行は、世帯の労働形態と分業、さらに広く家庭生活全般にわたる大規模な再編をもたらした(8)。一部の地域では、親族ネットワーク内の男性たちがいまだに狩人として駆け回って

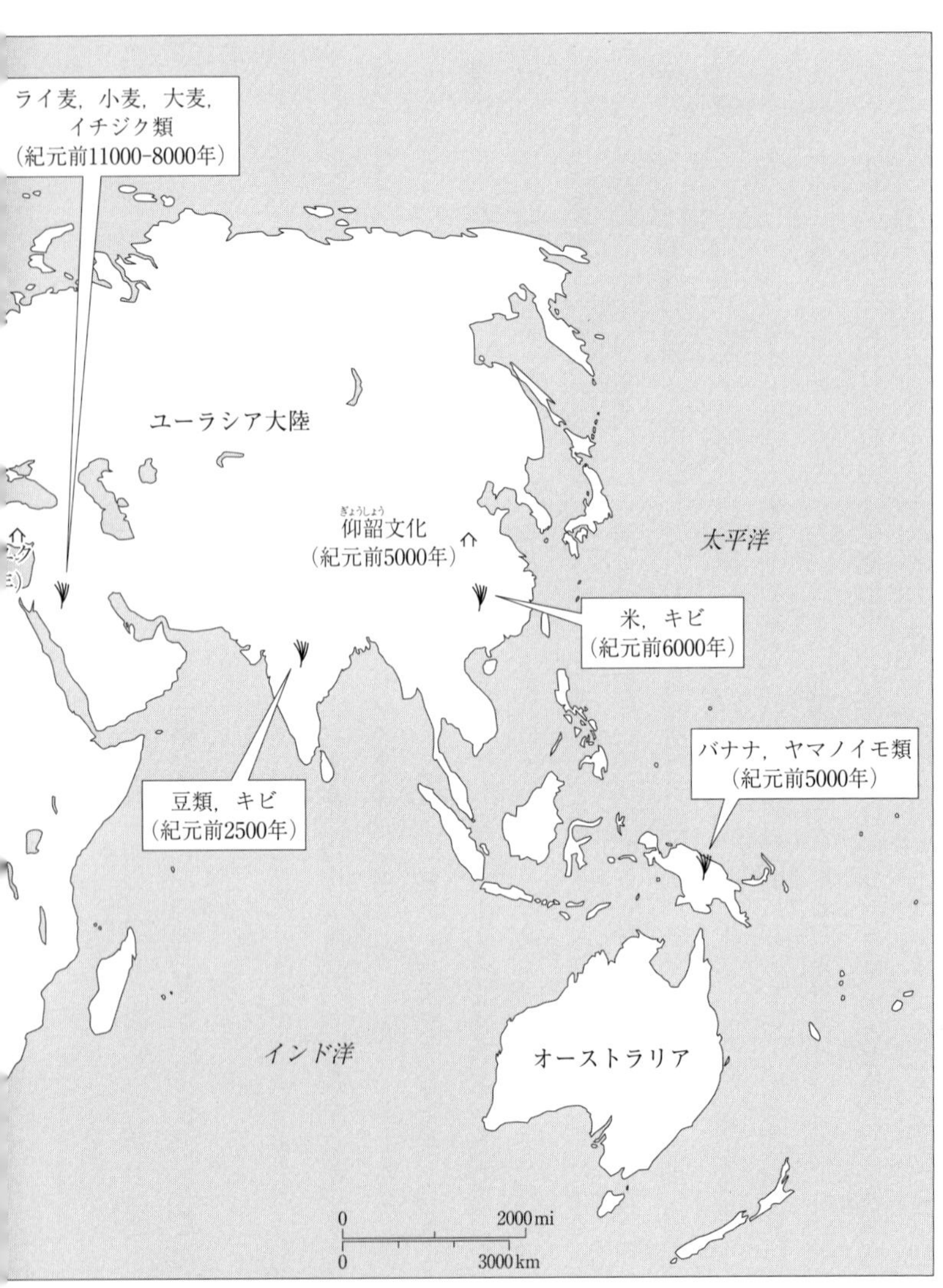
ライ麦，小麦，大麦，
イチジク類
（紀元前11000-8000年）
ユーラシア大陸
ぎょうしょう
仰韶文化
（紀元前5000年）
太平洋
米，キビ
（紀元前6000年）
バナナ，ヤマノイモ類
（紀元前5000年）
豆類，キビ
（紀元前2500年）
インド洋
オーストラリア
0
2000 mi
0
3000 km

と栽培された作物

⇑ 居住地（おおよその居住時期）
初期の代表的農産物（おおよその栽培開始時期）
南瓜，ヒマワリ
（紀元前3000年）
北米
米，キビ，モロコシ
（紀元前2000-1000年）
チャタル
（紀元前7
大西洋
キンタンポ
（紀元前4000年）
アフ
トウモロコシ，南瓜
（紀元前8000-6000年）
南瓜，豆類，
ヤマノイモ類，綿
（紀元前8000-4000年）
ジャガイモ，
ピーナッツ，胡椒
（紀元前6500-4000年）
カラル及びノルテ・チコ
（紀元前3000年）
パロマ遺跡
（紀元前6000年）
南米
大西洋
太平洋

初期農耕社会の居住地

いても、分業の固定化によって、居住地周辺での仕事を女性が集中的に担うことができた。例えば、紀元前約九〇〇〇年以降のナイル河流域における食料生産では、女性は農業や焼き物製造のようなとりわけ定住性の高い「新しい」仕事に携わっていたことが明らかになっている。すなわち女性の仕事と関係する道具や他の品々が出土した場所からは、彼女たちが男性よりもあちこち動き回ることが少なくなったことがわかる。

同様の空間的な役割分担の痕跡は、人口が少なかったため非常に長きにわたって狩猟採集が実行可能だった西アフリカでも見つかっている。今日のガーナに位置するキンタンポでは、紀元前四〇〇〇年ごろ、同族グループの男性が狩猟のために駆け回り続けている間、女性たちが子どもたちとともに、ある程度恒常的な宿営地を営んでいたとみられている。男性も女性も同じように、人々が集団で生き残るために必要不可欠な食料とモノを、道具を用いて作り出したが、定住生活は空間的に強固に分断された性別による分業をもたらしたと考えられる。(9)

日常生活の空間的位置が変化したことを示す証拠に加えて、考古学者たちは人骨から労働形態について多くのことを発見した。関節の病気や変形の痕跡は、多様な労働形態から生じる様々な負荷について語っている。例えば、膝の関節炎の痕跡は、膝を曲げて土を掘っていたことと関係している可能性があるが、特定の肩や手首への負荷は、狩猟によって引き起こされる傾向にあった。北アメリカのイリノイで見つかったアルカイック後期（およそ紀元前三〇〇〇年から紀元前一〇〇〇年ごろ）の二つの居住地跡から出土した骨の分析結果は、農耕社会に移行する中で、全ての人々がより激しい身体的負荷を受けるようになったことを示している。しかしながら、男性たちが狩猟活動に加えて農業労働に従事するようになったことが明らかな居住地においては、この移行は男性に対してより厳しい状況をもたらしたと考えられる。その一方で、男性が狩猟活動にのみ従事し、女性が新しい農作業の大部分を担っていたと目される居住地では、それに伴う身体的な負荷を受けていたのは女性であった[10]。これらの証拠が示しているように、おそらくその多くが親族集団であった小集団は、成員の男性と女性にそれぞれ異なる仕事を割り当て、それによって獲得した様々な種類の食料を蓄えた。時が経つにつれて、世帯が資源を蓄えるにあたって、ますます農業に依存するようになったことで生じた変化は、結果として男性と女性の骨格に異なる痕跡を残した。

概略を示す証拠しかない状態ではあるが、一部の地域において、異なる環境のもとで生活している集団間で行われた混合婚によって、農業への移行が促進された可能性がある。紀元前五〇〇〇年ごろの東アフリカにおいては、遠く離れた地域からもたらされた焼き物が出土しており、このことから牧畜文化にいる男性と狩猟採集生活を送る女性との間で、婚姻関係が相補的に結ばれていたことがわかる[11]。同様に、イタリアの青銅器時代跡で出土した骨の分析からは、生涯で経験した移住パターンが性別によって異なっていたことが判明した。なぜ同じ跡地から出土した男女の移住パターンが異なっていたのかについては、土地を探していた男性農夫と狩猟採集をしていた地元の女性との混合婚がおそらく関連していたであろうことが示唆されている[12]。骨格の分析からも同様の見解が示された。これらの場所で見つかった男性と女性の骨は、子ども期の食事習慣が違っていたことに由来する異なる化学的特徴を持っていた。時が経つにつれ、彼らの食事は、農業への完全な移行の結果として、似通ったものになったとみられている。ある程度の年齢になって男女の食事が似たものになったことは、男女の骨に刻まれた異なる食事環境で育った幼少期のパターンと対照的である。

◆家族生活の組織化

現在のトルコに位置するチャタルヒュユクで、考古学者たちは紀元前七〇〇〇年ごろとみられる、並外れて保存状態のいい初期農耕社会の居住地跡を発掘した。チャタルヒュユクは、約九〇〇〇年前に、三〇〇〇人から八〇〇〇人が住んでいた最古の大規模な人間の住居跡として知られている。チャタルヒュユクの人々は、第一に農業によって生計を立てていた。彼らは穀物と豆類を育て、羊と山羊を飼い、たまに野生の牛を狩ったが、ナツメヤシ、貝類、黒曜石も発見されており、このことはかなり離れた地域に住む人々とも取引があった可能性を示している。

建造物と日常生活や儀礼に使う遺物が、類を見ないほどにいい状態で保存されていたために、この場所は初期農耕社会の発展を理解するための重要な場所となった。チャタルヒュユクでは、親族と世帯に基づく生活が農業中心の居住地における社会組織の基盤となった。この場所には、東側と西側に二つの大きな遺丘があり、そこには多くの建造物と一四層の文化層が広がっている。各層は、古い住居を壊して、その内部を埋め、上部に新たな住居を立てる形で作られている。一つの建物には五人から一〇人が住んでいた。この遺跡を調査した考古学者によると、多くの場合、料理や道具作りなどの日常生活を営むための諸機能を果たす部屋に加えて、様々な儀式や亡くなった家族の埋葬を行うための部屋〔基壇〕の二つが備わっていた(13)。

複雑な社会組織と中央集権化した政治権力とが結びついていたことは、古代史の物語の中ではよく言われているが、これに反してチャタルヒュユクは、家族あるいは世帯規模で社会生活を営むコミュニティであったと思われる。公共空間、行政が行われたと考えられる建物、あるいは通常よりも大きく精巧な家やそうした家が並ぶ地区といったものがあったという証拠はなく、通路はほとんどないか全く存在しなかった。すなわち人々は屋上に続く梯子を使って家に出入りしていた。道具作りや埋葬の儀式を含む複雑な経済的、儀礼的活動は、日常的に繰り返される食事の準備や子育てとともに、世帯単位で執り行われた。建物は、多産／豊穣を意味する装飾用の石製や粘土製偶像、あるいは壁画で豊かに装飾されていたが、このことはこれらの家庭生活空間が儀礼的空間を兼ねていたことを示している。街が比較的大きめで複雑な構造をしていたにもかかわらず、親族に基づく世帯は社会生活の基本単位であったように思われる。この社会における極めて重要な活動の全てが世帯単位で組織されていたと考えられるのである。

考古学者たちは、これらの建物からの出土物によって、子どもを含む家族の成員たちの日常生活についてかなりの程度、推測することができた。子どもたちは、家庭内の領域が生活のためのものであると同時に、家の特別な場所に埋葬されている先祖のための場所である様を目にしたであろう。彼らは大人が玉や偶像のようなものを製作する姿を見ることがあっただろうし、製作場面を見ることでその方法を学んだであろう。彼らは儀式のやり方や家の建設や修復の方法も学んだと思われる。

さらに親族関係が、チャタルヒュユクの空間設計に影響を与えたと考えられる。チャタルヒュユクの人々が、溝で分断された街の両側に住む二つのグループに分かれていた可能性を示す証拠がある。結婚相手を供給しうる都市は近くにはなかったので、この空間的に区切られた二つの集団は、お互いの中から結婚相手を選んでいたと考えられる。さらに農耕社会における親族関係の重要性がますます増加したことは、なぜチャタルヒュユクのような大規模で複合的な居住地がまず初めに発展したかを説明してくれる。密集したコミュニティでともに親密に暮らすことによって、人々は何世代にもわたって、家庭内のつながりを形成し、仲間との関係を育んだ。世帯は助け合いや物々交換、子どもの結婚相手として隣人たちを頼りにしたのである。

この初期農耕社会の居住地において、人間文化は世帯単位の生活に基づいて家庭内空間から生じたと考えるのが妥当であろう。社会的関係、政治的関係、経済的関係、そして儀礼的な関係でさえ、この複雑な家庭内環境のもとで形成された。さらにこれらの関係は、日常生活に根ざしたジェンダー関係、世代間関係、親族関係に拠っていた。他の初期農耕社会の居住地には、細かい点で違いがあったが、しかし、初期の人類史において決定的に重要なこの農耕社会への移行において、世帯や家族の結びつきが重要であったことを示す証拠はあらゆる場所で出土している。

中国北部で栄えた仰韶(ぎょうしょう)文化（紀元前五〇〇〇年から三〇〇〇年）の空間的な構造は、チャタルヒュユクのそれとは全く異なっていた。仰韶文化は、黄河、渭河(いが)、汾河(ふんが)や他の川の支流に沿って散在した小さな農村で見られた。焼畑農業が行われ、人々は各地を転々としながら、ある程度の時間が経ったのちに再度、以前住んでいた場所に戻るという生活を営んでいた。農民は、キビ、小麦、米を栽培し、豚などの家畜を育てた。多くの村落には通常、中央広場と陶器窯があり、その周りに家々が密集し、中心から少し離れた所に墓地が造られていた。住宅が密集していたことは、親族集団がまとまって暮らしていた可能性を示している。村の子どもたちが、どこが自宅で、どこが親族の家なのか、またどこが公的空間であるかを知っていたであろうことは想像に難くない。加えて、少女は結婚後に村を離れることをおそらく知っていただろう。出土した骨のＤＮＡ分析によれば、仰韶文化の村落では女性たちが外婚〔同一集団内部での結婚を禁止すること〕していたことが示唆されている。これらの村落間の結婚によって村同士のつながりが生まれていたと考えられる(14)。

仰韶文化の村落では、男女が別々の労働を行っていたが、この分業は考古学的な遺物からも確認できる。農具（鍬や鋤など）と粉をひくための道具が同じ墓で発見されることはなかったし、農具が紡績用のはずみ車と同じ墓に入れられることは通常なかった。分析によって墓の主の性別が確認されたものでは、紡績用のはずみ車は主に女性の墓に、そして石の斧は主に男性の墓で発見されている(15)。初期の仰韶文化では、それぞれの墓地内にある墓ごとに、道具類が均等に入れられる傾向があった。後の時代になると、埋葬する品々の贅沢さに大きな違いが見られるようになり、一般的には男性の方が女性よりも贅沢な品々に囲まれて埋葬された。このことは、女性の地位が低下し、富と権力を持つ人々とそうではない人々との差が時代とともに拡大したことを示しているといえる。

仰韶文化の村落（紀元前5000～3000年）
現在の西安に近い場所にあったとみられる村落を描いたものである。村は堀に囲まれている。考古学的な分析によると，村の中にある密集した住居は，特定の親族集団の家であった（Xiaoneng Yang, *New Perspectives on China's Past: Chinese Archaeology in the Twentieth Century,* Yale University Press and Nelson-Atkins Museum of Art, 2004, 103より/*The Family,* p. 11）。

チャタルヒュユクと同様、仰韶文化においても、死者との関係が重要であったことは埋葬地をみるとよくわかる。一部の墓地で灰の残骸がある小さな穴が見つかっており、このことは、なんらかの儀式が墓で行われたことを意味している。発見された多くの墓には多数の遺体があり、遺体が埋葬し直されたと思われる形で骨が置かれていた。例えば、頭蓋骨は墓の中央に置かれ、他の骨は、頭蓋骨の両脇に置かれていた。これらの再埋葬は、死者のために重要な儀式を執り行っていたことを示唆しており、おそらく死者を祖先として認識するためのものであったと考えられる。埋葬し直された骸骨の多くが男性であり、男性は女性よりも祖先として奉られる可能性が高かったと思われる。しかしながら、注目すべきことは、女性の中に、実際に再埋葬の儀式を受け、そのことによって祖先としての地位を得た者がいたことである。トルコと同様、華北平原においても、先祖崇拝が大規模国家の建設に先行して行われていたであろうこともまた、注目に値する。チャタルヒュユクと同様、仰韶文化においても、社会の複雑さは、家庭と地域社会から生じたのであった。[16]

　これらといくぶん異なる形態が、ペルーの海岸沿いにある、新世界における最古の人間の居住地で発見された。紀元前六〇〇〇年から紀元前三〇〇〇年の間、海辺に存在したパロマ遺跡〔アンデス古期〕の発掘調査では、すでにみた二つの事例にはない専門的な政治組織があった形跡が残されていた。とはいえそれでもやはり、世帯が生産、消費、儀式の基本単位であった。この遺跡では、貯蔵庫は家の近くに置かれ、男性、女性、子どもたちが家の下に埋葬されていた。パロマ遺跡の集落は小さく、集落間のつながりが結婚によって築かれていた。紀元前四〇〇〇年ごろに、内陸の集落では、「霧のオアシス」と呼ばれる、必要な水分を霧によって獲得する地域、すなわち乾燥した地域で園芸作物の栽培が開始された。この地域では最初は、ウリと綿花、後に塊茎、キノア、ピーナッツ、豆が栽培された。

　農業は、栄養源として狩猟（または漁撈）と採集に取って代わるものではなく、むしろそれを補うものだった。パロマ遺跡から出土した骨格の分析によって、ここでも、男女はそれぞれ異なる生存のための労働を相補的に行っていたことが明らかとなった。海岸に位置するパロマ社会では、当初は男性だけが漁撈を行っていたが、その後、男女ともに漁撈と農業に従事するようになった。時が経つにつれ、男女の骨格の違いが少なくなったが、このことは、食事や労働の性差が少なくなっていったことを示唆している。[17]

パロマからペルー沿岸を数百キロ上ったところにあるノルテ・チコと呼ばれる紀元前三〇〇〇年の大規模遺跡〔アンデス文明形成期早期〕は、内陸や沿岸部に残された遺跡で構成されているが、その沿岸部と内陸部で幅広く交易が行われていたことを示す様々な証拠が見つかっている。沿岸から二三キロ上流に位置するカラルでは、イワシの骨や貝の殻が多数発見され、内陸部にあるカラルで生産された綿製の漁業用の網が、沿岸の集落で見つかっている。綿花以外にも、カラルの農民たちは、南瓜、豆、グアバを栽培した。カラル遺跡には記念碑的な巨大な建築物がある。その中には、サッカー競技場が四つ半入るほどの大規模な基礎の上に立つ大神殿や複数の小神殿に加えて、円形の広場が二つ存在した。さらに八つの集落が点在しているが、各集落には、簡素な家と豪邸があり、ある程度の社会的差異が存在していた可能性を示している。

神殿群は儀式のために使用され、広場は公共の場所であった(18)。したがって、カラルでは、子どもは自宅の場所や自宅が集落の他の家と違うことに気がついており、さらには壮大な儀式を行う場所や公共の場所についても理解していたと思われる。記念碑的建造物の存在は、灌漑などの土木工事の跡や、沿岸の集落とカラルとの間で定期的に交易が行われていたことを示す証拠とともに、大規模な都市計画の存在を示唆しており、考古学者の中には、中央集権的な政権が存在していたのではないかと考える者もいる。ここでは、仰韶文化やチャタルヒュユクとは対照的に、政治的機能が分化して存在しているという特徴を見出すことができる。しかし、初期の国家建設の過程でよく見られた、戦争や他の組織的な暴力の証拠（焦げた建物や切断された人体など）は見つからなかった。

＊　＊　＊

これら三つの事例は、人類史の初期において、複雑な社会への発展には多様性があったことを示している。一方で、それぞれの社会における家庭内空間と親族に基づく集団の役割は明らかである。最後の氷河期が終了〔約一万五〇〇〇年前〕した後、世界中で人類が定住するようになり、それに伴って社会が複雑化するという出来事が各地で独自に起こったが、これらは、この移行に関する豊富な考古学的証拠をもたらした。それぞれの事例では、そこに住む集団と食料源との関係は異なっており、各地域の実情に応じた異なる生態環境が存在したが、全てに共通するのは、狩猟または漁撈、採集、そして植物栽培や動物の家畜化を組み合わせる形で生活が営まれたことである。いずれの場合もジェンダー化された分業が行われており、出産だけではなく、生産活動においても、常に女性の貢献が決定的に重要な役割を果たした。さらに組織化された家庭生活は、どの事例においても人類に新たな組織化をもたらし、人間文化の新しい発展を促す基礎にもなったのである。

注

（1）Ian Hodder, "This Old House," *Natural History* 115 (2006), pp. 42-47.

（2）Johann Bachofen, *Das Mutterrecht*, originally published in 1861.〔ヨハン・バッハオーフェン著、岡道男・河上倫逸訳『母権論——古代世界の女性支配に関する研究』一〜三巻、みすず書房、一九九一〜九五年〕この歴史に関して十分議論されているものとして、Ann Taylor Allen, "Feminism, Social Science and the Meanings of Modernity: The Debate on the Origin of the Family in Europe and the United States," *American Historical Review* 104（1999）, pp. 1085–1113 を参照。

（3） ここで示された出土品については、引き続き議論されている。これらの問題を検討するものとして、Diane Bolger, "Gender and Human Evolution" and "A Critical Appraisal of Gender Research in African Archaeology," in *Handbook of Gender in Archaeology,* edited by Sarah Milledge Nelson（Lanham, MD: Altamira Press, 2006）, pp. 453–501, 595–631 を参照。

（4） Michael Cook, *A Brief History of the Human Race*（New York: W. W. Norton, 2005）, pp. 21–25 を参照〔マイケル・クック著、千葉喜久枝訳『世界文明一万年の歴史』柏書房、二〇〇五年、四三〜四八頁〕。

（5） Michael Balter, "Plant Science: Seeking Agriculture's Ancient Roots," *Science* 319（2007）: pp. 1830–1835.

（6） Heather Pringle, "Neolithic Agriculture: The Slow Birth of Agriculture," *Science* 282（1998）: p. 1446.

（7） David Christian, *Maps of Time: An Introduction to Big History*（Berkeley: University of California Press, 2004）, pp. 223–224.

（8） Jared Diamond, *Guns, Germs and Steel*（New York: W. W. Norton, 1997）, 特に第六章と一一章を参照〔ジャレド・ダイアモンド著、倉骨彰訳『銃・病原菌・鉄』上下、草思社文庫、二〇一二年。第六章と一一章はともに上巻〕。

（9） Diane Lyons, "A Critical Appraisal of Gender Research in African Archaeology," in *Worlds of Gender: The Archaeology of Women's Lives around the Globe,* edited by Sarah Milledge Nelson（Lanham, MD: Altamira Press, 2007）, pp. 12–13.

（10） Hetty Jo Brumbach and Robert Jarvenpa, "Gender Dynamics in Hunter-Gatherer Societies: Archeological Methods and Perspectives," in *Handbook of Gender in Archaeology*, edited by Nelson, pp. 520–522.

(11) Lyons, p. 13.

(12) Ruth Whitehouse, "Gender Archaeology in Europe," in *Handbook of Gender in Archaeology*, edited by Nelson, p. 744.

(13) チャタルヒュユクに関する当該箇所の記述と以降の説明は、Hodder, "This Old House" から引用した。

(14) Qiang Gao and Yun Kuen Lee, "A Biological Perspective on Yangshao Kinship," *Journal of Anthropological Archaeology* 12 (1993), pp. 266–298.

(15) Gideon Shelach, "Marxist and Post-Marxist Paradigms for the Neolithic," in *Gender and Chinese Archaeology*, edited by Kathryn Linduff (Lanham, MD: Altamira Press, 2004), p. 21.

(16) Gao and Lee, p. 273.

(17) Virginia Ebert and Thomas C. Patterson, "Gender in South American Archaeology," in *Handbook of Gender in Archaeology*, edited by Nelson, pp. 860–861.

(18) Ruth Shady Solis, Jonathan Haas, and Winifred Creamer, "Dating Caral, a Preceramic Site in the Supe Valley," *Science* 292 (2001), pp. 723–726.

訳注

〔1〕一八一五～八七年。都市貴族の息子としてスイスのバーゼルに生まれる。バーゼル、ベルリン、パリ、ケンブリッジの諸大学で法学を学ぶ。バーゼル大学ローマ法教授やバーゼルの裁判所判事を務めた。

第2章　神の誕生——宗教登場後の家族（西暦一〇〇〇年まで）

◆先祖崇拝と死後の世界

家族生活は、神の実在を論証しようとする重要な宇宙論的問い、すなわち世界はどのようにして始まったのか、出産が季節や生活サイクルに依る原因は何か、死後、人々はどうなるのか、といった問いと格闘する際に、昔から比喩として持ち出されてきた。家族の物語はまた、宗教が登場し始めたころからその中心に置かれ、世界中の宗教や霊的な伝統の中に存在してきた。そして宗教は、家族の道徳性についての慣例や掟に影響を及ぼし続けてきた。これらの全ての事象において、家族史は宗教の出現と発展に深く関係している。

ホモ・サピエンスに特有な特徴の一つは、表象的で抽象的な思考が可能ということである。南アフリカの洞窟で発見された幾何学的な模様が刻まれたオークル色のビーズは、確認しうる最古の表象的創造物であるが、約八万年前、すなわち約二〇万年前に現生人類が登場してすぐ（少なくとも考古学的な感覚では）のものである。[1] 最近まで考古学者たちは、約四万年前の南ヨーロッパの洞窟の中で発見された品々が、儀式に使われたもの、言い換えると霊的世界や死後の世界についての理解と結びついていたものとしては世界最古だと信じていた。しかしながら、二〇〇六年にアフリカ南部ボツワナにおいて、現在そこで暮らすサン族が「神々の山」と呼ぶ地にある洞窟で、約七万年前のものと推定される蛇の人形が発見されたことで、最古の年代を再考する必要性が生まれた。この地の起源神話には、人間が大蛇に由来するという話や、大蛇が地元の丘を掘り起こして水を探す場面が出てくる。(2) この発見は、人間の宗教的で儀礼的な活動が人類の起源と同じくらい古いものであることを示している。

最古の文字史料は、約六〇〇〇年前のものだとされており、それ以前の宗教や信仰の詳細な内容を詳しく知ることは難しい。しかしながら、初期社会を探る手がかりとなるいくつかの痕跡が残されている。すなわち絵や彫刻、埋葬地である。これらは、人々が彼らの祖先をどのように捉えていたか、また彼らが死後をどのように概念化させていたかについての重要な手がかりを提供してくれる。トルコのチャタルヒュユクはこの好例である。はるか昔のボツワナの遺跡と同様に、チャタルヒュユクで発見された建物の中に、動物の絵が大事なもののように描かれ、彫られていたことは、それらの儀礼的重要性を反映している。この遺跡の興味深い点の一つは、儀礼の対象物や墓が家庭内空間の特別な場所で発見されたことである。例えば、考古学者たちは、彫刻や石膏による塗装が施された男性の頭蓋骨が埋められていた埋葬地を発見した。頭蓋骨はその男性よりも後に亡くなった女性の墓に埋葬し直されたものだった。頭蓋骨は、女性とその世帯が崇める先祖のものであったと考えられるが、いずれにせよこれは、世代を超えた結びつきと、生者と死者の境界をつなぐ象徴的な存在への関心を示す証拠である。チャタルヒュユクで発見された絵には、農作業のような日常生活の一場面が描かれることはほとんどなかった。むしろ、明らかに霊的に、あるいは儀式に重要性を持つ対象や動物に限られていた。文字史料がない場合、来世に関して彼らがどのように考えていたかを具体的に捉えることは難しいが、祖先を崇拝することと儀式を行うこととの関係は、極めて深いものであった可能性が高いだろう。

埋葬地が家庭内空間以外に設置されていた場合でも、埋葬地の遺跡は、興味深いことに、家族関係と死後の世界について何らかの示唆を提供した。先史時代の埋葬地の遺跡には、一般的に故人の亡骸に加えて、副葬品も残されている。これには武器や護符のような道具および衣服や装飾品が含まれており、考古学者が死後の世界の観念や死者である祖先と生者である子孫との関係性について推測することを可能にする(3)。種々の古代の墓の中で、よく知られている事例はエジプト王家のピラミッドである。最古のものは、紀元前三〇〇〇年ごろのものであり、精巧な王家の墓を最初に建設したアハ王は、道具や家族生活に関わる物品だけではなく、おそらく来世で家庭生活や国家統治が続けられるように、生きたままの召使や兵士を道連れにして埋葬された。これはまた、メソポタミア、中国、西アフリカ、メキシコを含む他の古代文化で広くみられる王家の埋葬方法であった(4)。

一般の人々の墓は簡素であったが、それでも彼らの墓から、生者が死後の世界に抱いていた観念とともに、どのような日常生活を送っていたかを知るための直接的な手がかりを得ることもできる。紀元前一〇〇〇年ごろにヨーロッパで暮らしていた一般の人々の埋葬地においては、武器が墓の中で見つかることもしばしばあり、とりわけ大人の男性の墓の中に入れられていることが多かった。男性の墓に入っていた短剣、剣、槍が、一、二年以内に製造されたものである場合もあったが、このことは、この亡くなった持ち主が相続人のいない若い男性であった可能性を示唆している。しかしこれらの武器はまた、製造されてから何世代もあとになって副葬されることもあった。なぜならおそらく武器は、通常、年配の男性から若者へと世代を超えて受け継がれる貴重品であったからである。（青銅の腕輪のような）個人の装飾品が女性の墓で見つかるというのはよくあることであったが、その中には、最初の持ち主とは一緒に埋葬されずに、女性間で受け継がれてきたものもあったと考えられる。これらの埋葬時の慣行は、古代文化でどのようなものが使われ、何が価値あるものとみなされていたのかを教えてくれるとともに、死後の世界に関する観念、例えば死者が必要とする特定の物品などについて私たちに伝えてくれる。これらはまた、世代間の関係性や相続がどのようなものであったのかを明示している。(5)

◈起源神話の二つの始まり方——家族の物語と単身男性の物語

古代エジプトの場合がそうであるように、多くの起源神話はまた、組織的な宗教が家族から始まったことを伝えている。エジプト神話によると、太陽神ラーと天空の女神ヌトには五人の子ども、オシリス、ホルス、セト、イシス、ネフティスがいた。オシリスは妹のイシスと結婚し、セトは妹のネフティスと結婚した。この神話に従うと、神は女神と結婚する必要があったことがわかる。すなわち始まりの家族では、結婚相手の選択肢がきょうだいに制限されていたのである。神の血筋であると主張したエジプト王（ファラオ）の家族は、しばしばきょうだい間結婚を行い、それが慣習となっていたが、起源神話によって、きょうだい間結婚は神聖なものであるというお墨付きが与えられることになった。

オシリスは、神話のなかで、エジプト唯一の支配者となった。しかし彼は、エジプト人が「野蛮で残忍であり、エジプト人同士で戦い、お互いを殺して食べている」ことに気がついた。女神イシスは、この原初的な混沌とした状態に介入し、「小麦と大麦の両方を発見した……そしてオシリスは、毎年、ナイル川が氾濫して水位が上昇し、耕地に新鮮で肥沃な泥を残して再び水が引いたときに、種を植える方法を人々に教えた……彼は、人々に葡萄の木を植えてその実からワインを作る方法も教えた。彼らはすでに大麦からビールを醸造する方法を知っていた」(6)。言い換えると、神の介入によって、人間は農業に従事することや自然を理解する方向に導かれたのであった。

その後のファラオは、神、すなわち神オシリスと彼の妻イシスの子孫であると理解された。古代神話によると、イシスは、オシリスが嫉妬に狂った弟セトに殺されたにもかかわらず、オシリスとの間に生まれた息子、神ホルスが父親の後を継ぐ方法を見出した。イシスはホルスを保護し、神々の法廷でホルスの継承の正当性を主張した。神々と女神たちに捧げられた多くの寺院でイシスが祀られていることは、彼女の人気を示している。

イシスへの崇拝は、後にローマ帝国中に、そしてイギリスにまで広がった。数々の神殿や記述が示

女神イシスが乳児のホルスに授乳している姿

イシスは，古代エジプトの家族関係と宇宙の秩序を結びつける重要なシンボルであった。研究者の中には，イシスとホルスを後のキリスト教の母マリアと子イエス・キリストのイメージの前身とみなす者もいる（Réunion des Musées Nationaux/Art Resource, NY/*The Family,* p. 18）。

している通り、イシスは帝国で最も広く信仰された女神となった。例えば、二世紀に活躍したローマの作家であるアプレイウスは、この女神の言葉として次のように表現した。「私は自然であり、万物の母です……私は様々な方面から崇拝され、数え切れないほどの異なる名前で呼ばれ、あらゆる種類の様々な儀式が執り行われてきました。そして今なお世界中で私を崇めているのです」(7)。様々な「母なる女神」が数千年にわたってヨーロッパで広く信仰されていたが、イシスは、そうした女神たちが居並ぶ神殿に影響力のある神として新たに加わったのである。

家族の物語は、世界中の起源神話に出てくる。人類誕生についてのマヤ神話には、他の比喩と組み合わせながら家族を比喩として用いた表現が登場する。マヤの創世神話は一六世紀に書かれた『ポポル・ブフ』[1]に記録されているが、内容はもっとずっと古い時代のものである。始まりの神々は男女の夫婦であり、「子どもを作り出す男性」と「子どもを産む女性」と呼ばれている。彼らは双子をもうけたが、その双子は、天体で球技をしようと冥界に誘い込まれ、邪悪な冥神たちの罠にかかって殺された。しかしながら、双子の一人、フン・フンアフプーの首が冥神たちの手によって、ひょうたんの木に吊るされると、すぐに首が木の実に変わった。血の乙女／イシュキックと呼ばれた若い女性が、木のそばまで歩いていき、木の実に話しかけると彼女は妊娠した。彼女の父は通常の方法ではない妊娠に激怒したが、彼女はその父の憤怒から逃れたのち、フン・フンアフプーの母、すなわち「子どもを産む女性」の家を訪ねた。イシュキックは、二代目の双子を産んだが、彼らは父親と叔父の過ちをなぞることなく、冥神たちを倒した。こうしてトウモロコシから初めて人間を作り出す舞台が整った[8]。

ユダヤ教とキリスト教の正典である『旧約聖書』に書かれた創世の記述は、宗教史的にも家族史的にも興味深い。『創世記』の冒頭には、単独で存在し、行動する新しい種類の神が登場する。「はじめに神は天と地を創造された。地は混沌として、闇が深淵の面にあり、神の霊が水の面を動いていた[9]」。『創世記』の天地創造の物語は、一神教の出現に重要な役割を果たしたが、それだけではない。どんな宇宙論よりも男性中心であったのである。『旧約聖書』の神は、他の神々や女神たちと権力を共有していなかったし、権力をめぐって議論することもなかった。天地創造は、人間の家族の出産や、動植物の繁殖の仕方をなぞらえたものではなかった[10]。『創世記』によれば、創造主は男性であった。しかも女性は最初、男性から生まれたのである。

神である主は、土の塵で人（man）を形づくり、その鼻に命の息を吹き込まれた。人はこうして生きる者となった……そこで、神である主は、人を深い眠りに落とされた。人が眠り込むと、そのあばら骨の一つを取り、そこを肉で閉ざされた。神である主は、人から取ったあばら骨で女に造り上げ、人のところへ連れて来られた。人は言った……これを女（Woman）と名付けよう。これは男から取られたからである。(11)

最初の女性であるイブは、当初から最初の男性に従属する存在であった。さらに言えば、『旧約聖書』は、悪の起源である「恩寵からの脱落」を女性の自然な好奇心によるものとして描くことで、悪を世界に引き入れた責任がアダムではなく、イブにあるとした。

フェミニストの歴史家は、古代中東における一神教の出現と「家父長制の創造」、つまり家族や他の社会的・政治的慣習における権力と権威を父親に集中させることとの関係を指摘した。この主張は、特定の歴史的環境から生まれた種々の宗教書、とりわけ『旧約聖書』に基づいている。『旧約聖書』を構成しているいくつもの書は、紀元前二〇〇〇年ごろから伝承されてきた言い伝えを書き記したものである。

『旧約聖書』を構成するこれらの書を著したユダヤ諸部族は、半遊牧民の同族社会から王が統治する農耕に基づく集住への移行期にあった。彼らの支配的な家族形態は、父系、すなわち男性の単系出自を強調する兆候が強くみられるものであった。例えば、全てのイスラエル女性は、結婚することが期待されており、結婚によって彼女たちの父親や父親のリネージ〔系譜が辿れる単系家系集団〕の支配下から、夫の支配下へと受け渡された。女性と子どもたちを夫のリネージの内部に止めるために、兄弟の妻が未亡人となったときには、その女性は死亡した夫の兄弟と結婚することが適切であると考えられていた。男性たちは複数の妻や内縁の妻を持つことが許されていたが、女性は一人の夫しか持てなかった。

これらの点において、イスラエルの民は、当時の近隣の東洋諸文化と大差がなかったが、ユダヤ教は、救済を求める人々の希望を全て、最高の父のような存在と考えられていた神との約束に託すことによって、父系中心の親族関係を強化した。さらに、イスラエルの人々は、ヤハウェがイスラエルの民にした特別な約束を、世代を超えて受け継がれる男性同士の契約として理解し、その証として男性の身体を儀式に従って切り取ること、すなわち割礼を行った。こうして古代ユダヤ教だけではなく初期キリスト教やイスラーム教にも影響を与えた、この一神教という特別な形態は、唯一の父なる神を祭り上げ、女神たちを隠蔽する事態を引き起こした。さらにはこれらの神学的で家族的な諸要素を、現実世界の家族に起こった家父長制の奨励という歴史的な動きと結びつけたのであった。

◆「適切な」結婚のための掟と家父長的慣習

信仰はまた、家族生活を導くための掟に影響を与えた。ここでは特に重要な結婚に注目する。歴史上、結婚をめぐる様々な理解と慣習が発展したが、宗教上の掟はこの点において重要な役割を果たしてきた。我々人類は、天地創造や宇宙における人間の位置づけという観点から世界を理解しようとしてきた。そのため結婚に関する習わしも、そうした考えに基づいている可能性が極めて高いと考えられる。

オーストラリアのアランダ族をはじめとする諸文化に残された豊富な人類学的な記録から、次のことがわかっている。人々は、脈々と受け継がれてきた掟や習わしを書き留めた文書がなくとも、あるいは従うことを強制する国家権力が存在しなくとも、結婚に関する膨大で複雑なルールに従ってきた。多くのオーストラリアの部族は、トーテム集団に基づく結婚のルールを作り出した。すなわち、諸集団はそれぞれ特定の動植物（その集団のトーテム）と関係しており、そのトーテムを祖先として崇拝する。そのような集団に所属することは、人間の家族と霊的世界との関係を示す大規模な象徴的システムの一部であった。

どの調査地でも、トーテム集団は事実上、拡大家族のクラン[2]であった。クランに基づく結婚に関するルールのわかりやすい例を挙げれば、トーテムがエミュー（いくつかのオーストラリアのクランがトーテムとしている大きな鳥）の男性は、トーテムがエミューの女性と結婚してはいけないというものである。アランダ族の結婚のルールは、もっと複雑だった。トーテム集団に所属しているだけではなく、彼らはそれぞれの半族[3]に属していた。それぞれの半族は下位集団に分かれており、さらにその中でいくつもの集団に分かれている場合もあった。これは、結婚のルールをさらに複雑なものにした。アランダ族では、エミューをトーテムとするクランの成員は、同じエミューをトーテムとする者と結婚することができたが、それは彼らの半族（父系）とは異なる半族に属する者である場合のみであった。現代のアランダ族は、結婚に関する規則や子どもがどの半族に帰属するかを、宇宙論と歴史的経緯（とりわけ、部族の長老間での交渉）の二つを用いて、人類学者に説明している。[12] つまり、たとえ聖典がなくても、信念と習わしからなる複雑な霊的システムによって家族の掟が統御され得たのである。

聖典を有する宗教の場合は、結婚にまつわる掟とその実践には、教義上の絶対的な命令だけではなく、歴史的な偶然性も度々影響を与えていた。古代ヒンドゥー教はその初期の例である。初期のヒンドゥー教の書物は、紀元前二〇〇〇年から存在するが、これらの書物には、後にカーストと呼ばれることになる、家族によって世襲される社会的区分が書かれている。とはいえカースト規則と様々な掟が真に重要なものとなったのは、のちの時代、およそ西暦六〇〇年ごろのことであった。[13] この時代になると、ふさわしい結婚相手はカースト規則によって決められた。社会的な交流もまた、どのカーストに属しているかによってある程度、規定された。カーストは、どこにおいてもヒンドゥー教の本質であるというわけではなかった（例えば、南西アジアのヒンドゥー教社会はカーストによる階層構造を適用しなかった）が、インドにおいては、ヒンドゥー教とカースト制度がインド社会を覆い尽くし、家族関係にも両者が根ざす状況を生み出し、この制度を非常に永続性のあるものにした。

西暦一世紀ごろに制定された『マヌ法典』は、ヒンドゥー教において最も重要な規範書であり、その行動と結婚に関する規定は、宇宙論と密接に結びついていた。この聖典によれば、

偉大なリシたちは、心を一つに集中して座っているマヌに近づき、規定に従って敬った後、次の言葉を言った。「尊い人よ、どうぞ我々に、〈四〉身分〈ヴァルナ〉のすべておよび〈それらの身分〉間に生まれた者たちにとっての本来的な正しい生き方〈ダルマ〉について、ありのままに、順序正しく語ってください[14]」。

結婚は同じカーストの者同士でするべきと説明されていた。さらにマヌはこの原則に違反することによって引き起こされる悪い結果について、かなり詳細に述べている。

他の家族システムにおいては、誰と結婚できて、誰と結婚できないのかを定めた規則は、例えば、きょうだいやいとこなどの特定の親族関係の誰かと結婚することを禁じるというように、主に血縁関係に基づくものだが、マヌは、それだけではなく特定のカースト間の婚姻を禁止した。ほとんどの社会では同程度の社会的地位を持つ集団間で結婚する慣習があったが、マヌは、カーストの純正を保つ必要性の観点から、カースト内の結婚を主張している。

マヌは、結婚後の行動についても規定している。『マヌ法典』は、夫婦相互の貞節が結婚の最も崇

高な目標であるとはっきりと述べているが、他の規定は夫婦間の不平等が極めて大きかった。

夫は、性悪で、勝手気ままに振舞い、良い資質に欠けていても、貞淑な妻によって常に神のように支えられるべし。……夫に仕えることによって〈死後〉天界において栄える……妻は夫を裏切ることによってこの世で非難され、〈再生に際しては〉ジャッカルに生まれ、また罪による疫病に苦しめられる。心と言葉と身体を制御して夫を裏切らない妻は、夫の世界を獲得し、善き人々によって貞女〈サードゥヴィー〉と呼ばれる。(15)

したがって、『マヌ法典』において結婚は、宗教上の関係に似ているようにみえる。すなわち女性は夫をまるで神のように扱い、女性が「心と言葉と身体を制御」することへの見返りは、天国で夫とともに暮らせることである（ヒンドゥー教の天国は、永遠に居住する場所ではなく、輪廻転生に入るまで、一時的に暮らす場所である）。しかるべき結婚は、人間社会の秩序に決定的に重要であり、宇宙論的な意義を持つのである。

このような宗教上の信念と家族規則との密接な関係を示すもう一つの事例は、六三二年の預言者ムハンマドの死後、三〇〇年の間に作られたイスラームの結婚に関する規則である。これらの規則を体系的にまとめたイスラームの法学者たちは、家父長制社会で暮らしており、その影響を受けていた。したがって、たとえ『クルアーン』〔『コーラン』〕自体はより平等主義に基づくものであったとしても、彼らがまとめた様々な法学書は、父親と夫の権力を強調するものとなった[16]。『クルアーン』は、ムハンマドに下された啓示を記録したものであり、女性を男性と宗教的に対等なものとして扱うよう促すくだりが数多く含まれている。例えば、『クルアーン』の一節に、対となる呼び方で、男性信者と女性信者に呼びかけるくだりがある。

陰部を大切にする男と女、いつもいつもアッラーを心に念ずる男と女――こういう人たちにはアッラーは罪の赦しと大きな御褒美を用意してお置きになった[17]。

ムハンマドの最初の妻であるハディージャは年上の未亡人であり、初期のころからの彼の最も重要な信者の一人であった。のちに彼の妻となった女性たちの中で、最も注目すべきはアーイシャである。彼女は初期のイスラームにおいて重要な役割を果たし、最も多くのハディース（ムスリムの行動規範と法の根拠となったムハンマドの言行録）を伝承した。彼女たちの存在は、イスラーム初期の男女間には、明確に不平等が強まっていく後の時代の傾向とは異なる、より強い平等主義がはたらいていたことを示唆している。

しかしながら、ムハンマドの妻たちが力を持っていたにもかかわらず、ムハンマドの家族生活は、結婚に際して、あるいは日常で、女性に対する男性の権威を示したいと望む彼の信者たちの規範となった。『クルアーン』は、男性が扶養し平等に扱うことができるならば、四人の妻とそれに加えて妾を持つことを認めている。ムハンマドは、四人以上の妻を持っていた。ムハンマドと結婚したとき、彼の妻たちのほぼ全員が寡婦であったが、彼が三番目の妻アーイシャの父親に促されて、彼女と床入りしたのは、アーイシャがまだ九歳か一〇歳のときであった[18]。これを前例とするかについて論争が巻き起こった。一部の信者は、この結婚を預言者であるが故の特異な状況の結果であり、規範にはならないと主張したが、イスラームの法慣習は、これらの前例を用いて、一般の男性も複数の、ときには非常に若い妻を娶ることを正当化した。同様に、男女隔離に関して、ムハンマドは死を前にした人生の末期に、妻たちと一緒に隠遁生活を送ることを好んだが、当時、他のムスリムにはそうした習慣はなかった。にもかかわらず、のちにこれが、既婚女性はヴェールを被って隔離生活をするという決まりを一般化する根拠として用いられた。

　イスラームは、預言者の故郷であるアラビア半島から広がっていくにつれて、女性が多くの自立性を持ち、多くの部族が母系社会であった地域（すなわち、妻は出身家族とともに暮らし続け、彼女たちの子ども母の出身部族に残る）から、強固な父系に基づく慣習と女性蔑視が支配的であったペルシア帝国や北アフリカの地域へと普及した。

　ユダヤ文化、ギリシア・ローマ文化、ペルシア文化の遺産を受け継いだこの地域の家父長的慣習は、初期キリスト教に痕跡を残したのと同じように、イスラームの発展にも大きな影響を与えた。イスラームによる征服前のイラク・イラン地域の支配階級が行っていたゾロアスター教の宗教実践と家族生活は、特別な役割を果たしたと考えられる。ゾロアスター教における結婚では、夫の家系にとっての男性相続人を産むことが何よりも優先された。この目的のために妻に夫の男性親族の妾となることを要求した場合でさえ、妻には従順であることが求められるなど、妻が夫に無条件で従うことが強調されたのである。妻が産んだ子どもは夫のものであった。こうした地域ごとの慣習は、イスラームが広まった様々な地域で、裁判官や学者がイスラーム法を編纂する際に影響を与えた。

ムハンマドが生きていたころと、ハディースの編纂[4]が完了した一〇世紀から一一世紀ごろとでは、イスラームの結婚に劇的な変化が生じていた。例えば、ムハンマドの時代には、寡婦が再婚することは珍しくなく、また自らの結婚条件についても交渉することが可能であった。ムハンマドの最初の妻以外にも、アーティカ・ビント・ザイドのような女性たちがその事例としてあげられる。彼女は四回結婚しており、最初の夫から潤沢な財産を引き継いだ。彼女は三人目の夫と結婚する条件として、「夫が彼女を叩くことや、モスクでの祈りに参加するのを邪魔しない」ことを主張することができた[19]。対照的に、八世紀から九世紀ごろのイスラーム圏の中東では、処女ではない女性と結婚することは男性の恥であると考えられるようになった。さらに、おおよそ八世紀以降は、エリート層の女性たちが自らの結婚について交渉したことや条件をつけたことを示す証拠は、もはや見られなくなった。

征服という行為そのものも、家族生活や家族形成に新しい状況をもたらした。イスラームの戦士たちは、女性を奴隷にし、妻や妾にする際に、アラビアの慣習と地域の慣習を融合させた。女性たちは、たとえエリート層の女性であっても、自身の結婚について交渉することがほとんど許されなくなった。八世紀後半にカリフ（支配者）であったハールーン・アッ＝ラシードの妻ズバイダは、自身も王族[5]であったが、ある妾を夫が寵愛していることに不満を述べた際、しつこいと咎められた。結局、彼女はその件を謝罪し、さらに一〇名の妾を夫に用意した[20]。一方で、家庭内においては、妻、妾、奴隷の分断線は曖昧であった。女性に対する偏見が以前から広まっていた中東の都市において、イスラーム教は、すでに不平等であった社会システムに宗教的なお墨付きを与える役割を果たした[21]。イスラーム法学者によって編纂され、のちの世代に公式のイスラーム法として受け継がれていくことになるのは、こうした文脈の中で発展した法であり、これらの法に対する異議申し立ても、イスラームの神秘的要素を強調するスーフィーなどの反主流派から、まれに行われるに過ぎなかったのである。

◆宗教と家族の対立

多くの宗教において、伝統的に家族を宗教実践のための理想的な場所とみなしていた一方で、一部の宗教においては、宗教と家族は、相互に強化し合うものではなく、競合や対立が現れる舞台とみなされてきた。最上位カーストであるバラモンが送るべきヒンドゥー教の理想的な人生は、次のようなライフステージを踏むものと定められていた。すなわち学生生活を経て結婚して世帯を持ったのち、修行の旅に出る。敬虔なヒンドゥー教徒は、子どもたちが成長するまで、瞑想にふけるために家を出ることはしなかった。一生涯の中で、彼らは家族生活と宗教実践に対する義務の両方を果たすことができたが、同時に行うことはできなかった。

また別の宗教上の伝統的な考え方において、家族として求められることと、宗教上すべきこととの

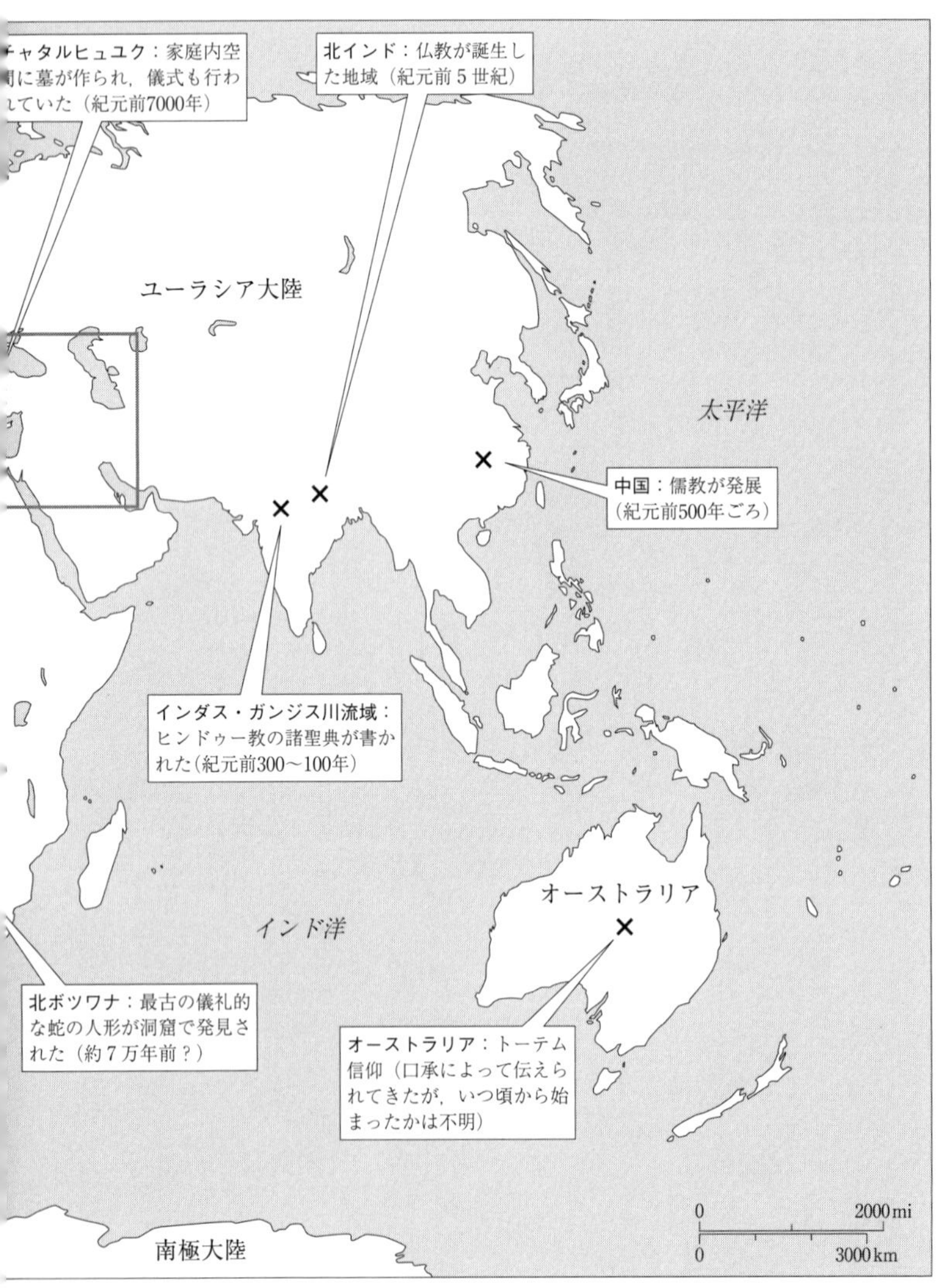
チャタルヒュユク：家庭内空
間に墓が作られ，儀式も行わ
れていた（紀元前7000年）
北インド：仏教が誕生した地域（紀元前５世紀）
ユーラシア大陸
太平洋
中国：儒教が発展
（紀元前500年ごろ）
インダス・ガンジス川流域：
ヒンドゥー教の諸聖典が書かれた（紀元前300～100年）
オーストラリア
インド洋
北ボツワナ：最古の儀礼的な蛇の人形が洞窟で発見された（約７万年前？）
オーストラリア：トーテム信仰（口承によって伝えられてきたが，いつ頃から始まったかは不明）
南極大陸
0
2000 mi
0
3000 km

に関連する場所

北米
マヤ地域：『ポポル・ブフ』が書かれた（1550年ごろ）
大西洋
太平洋
南米
ア
ヨーロッパ
ユダヤ：ユダヤ教とキリスト教が誕生した地域であり，『旧約聖書』が書かれた（紀元前1000年ごろ）
地中海
アフリカ
エジプト：オシリスとイシス，そして他の神々，女神たちを崇拝した（紀元前2500年ごろから）
アラビア半島：イスラーム教が誕生した地域であり，『クルアーン（コーラン）』が書かれた（７世紀ごろ）

古代の家族と宗教

間の対立がさらに先鋭化することがあった。仏教はこうした宗教の一つであるが、仏教の話もまた、ある家族の物語から始まっている。仏教の開祖であるシッダールタ（釈迦／仏陀）は、紀元前五世紀に生まれ、北インドの裕福な環境で王子として育った。哲学者であり詩人であるアシュヴァゴーシャ（馬鳴）が描いた仏陀に関する伝記（西暦一世紀に書かれた）によると、幼き仏陀は、「誓願によって心清めた王妃の脇腹より、陣痛も病もなく、世の人々のために」生まれた。[22] 彼が生まれたとき、高僧たちは、彼が出家して修行僧となるか、偉大な王になるだろうと予言した。そのため、彼の父は彼を宮殿の中に隔離し、外界のあらゆる知識から遠ざけた。

彼は、二九歳のときにはすでに結婚しており、「足かせ」を意味するラーフラ（羅睺羅）と名付けられた生まれたばかりの息子がいたが、出家し、修行僧となった。彼の妻ヤショーダラー（耶輸陀羅）は彼が家を出たことを深く悲しみ、次のように述べた。「切れ長の目でさわやかにほほ笑むあの顔を見上げる好運に私があずかれないばかりか、このかわいそうなラーフラは、父の膝で動きまわることが決して許されないのです」。[23] 彼の父親である王は、息子が家を出たことを「悲しみの火で焼かれている」と嘆いた。[24] 仏陀は彼らの深い悲しみを理解した上で、「父親の子に対する気持ち、特に王の私に対する気持ちはよくわかっています。わかってはいますが、病と老いと死を恐れて、どうしようもなく身内の人々を捨てるのです」と述べた。[25]

仏陀の人生に関する記述の中には、ラーフラが七歳のときにシッダールタが戻ってきたと書かれている。ラーフラは彼の継承権について父に尋ねた。シッダールタは、それに対して現世の相続は問題に満ちていると述べ、答える代わりに彼に悟りへの道を与えた。ラーフラは、家族のもとを去り、新人修行僧となった。シッダールタの父は、この二度目の喪失に酷く悲しみ、シッダールタに、今後は、修行僧たちが両親の許可なしに出家することは許さないと彼に約束させた。このことは、仏教徒としての偉業のために家族を捨てることの重要性と、それをとりまく緊張があったことの両方を示唆している。

数年間の厳しい修行、すなわち肉体的な安らぎを放棄して行う瞑想の後、仏陀は悟りの境地を開いた。それは彼に、苦痛およびそれを取り除く手段に関する洞察をもたらした。すなわち、生活が苦痛によって特徴づけられる一方で、苦痛を導く欲望を取り除くことで苦痛が解消できるという見識であった。仏教を実践する際の規律は、現世に蔓延(はびこ)る欲望を取り除く方法を提供した。仏陀は、悟りを開くために家族を捨てた。仏教実践における最も崇高な目的は、独身で僧院生活を送ることであるとされ、子どものいない生活を責務とした。

三世紀に仏教が中国に伝わると、家族生活に関する中国の考え方とぶつかることとなった。本人にとっての最高の使命は、僧院で独身生活を送ることであるとする仏教の理想的生活を、ほとんどの中国人は、甚だしい反家族主義と捉えた。もし、人が子どもを持たなかったならば、その人は、自分自身の血統を断ち切るだけではなく、祖先の血統をも断ち切ることになる。仏教が中国の家族的価値観とは相いれないという非難に対する仏教からの回答は、ある人が悟りを開いたならば、その利益はその人の親族にもたらされるというものであった。

仏教が中国に適応していく歴史から生まれた重要な物語の一つは、四世紀ごろの目連（もくれん）（彼のインドにおける元々の名前はマウドガリヤーヤナであった）の物語である。目連は仏教の修行僧であった。彼の母親は、僧侶に与えるべき食べ物やお金を、宴席や集会に使って浪費したために、地獄に送られた。彼は母親を救うために地獄に行き、母親を救出した。息子として彼が行った地獄を通る恐ろしい旅の話は、巡礼路を通じて伝えられ、さらにそれがまた各地で語られた。のちにこの話は、小説や演劇を通して広まった[26]。中国において目連の物語が人気を博したことは、中国の仏教徒にとって、宗教と家族が求めるものがぶつかり合うときに、それを緩和させる方法がいかに重要であったかを示している。

ユダヤ教やイスラーム教と同様、キリスト教も、その起源を辿ると、古代中東の組織化された宗教に行きつく。キリスト教は、ユダヤ教とその聖書をもとにしており、これらから家父長的な傾向を引き継いだ。そしてさらに、キリストの時代が到来するまでに、この地域を支配していた古代ギリシアやローマ帝国によって、男性の優位性を法的、哲学的に擁護する考え方が広まっていた。早期にキリスト教に改宗した者たちは、キリストの言葉を解釈する際、これらの遺産と向き合うこととなったが、キリストの言葉にはそうした考え方を取り込んでいる部分もあれば、距離を置いている部分もあった。

福音書に記載されているように、キリストは教えを説いてまわる生活の中で、男性にも女性にも、お金持ちにも貧乏人にも説教をした。この考え方は、改宗者を歓迎し、彼らに道を開いていることを論じた、使徒パウロによる「ガラテヤの信徒への手紙」でも示された。「ユダヤ人もギリシア人もありません。奴隷も自由人もありません。男と女もありません。あなたがたは皆、キリスト・イエスにあって一つだからです」[27]。キリストは神の子であったが、彼は人間の女性から生まれ、人間の家族とともに育った。そして彼の最も重要な信奉者の一部は、女性であった。

地域の先例から著しく逸脱しながら、キリストはまた、家族を含む現世の絆よりも信仰が重要であると説いた。例えば、ルカの福音書には、キリストの次の言葉が書かれている。「誰でも、私のもとに来ていながら、父、母、妻、子、兄弟、姉妹、さらに自分の命さえも憎まない者があれば、その人は私の弟子ではありえない」。彼は弟子たちに家族を捨てる代わりに報いが与えられることを約束した。「よく言っておく。神の国のために、家、妻、兄弟、両親、子どもを捨てた者は誰でも、この世ではその何倍もの報いを受け、来るべき世で永遠の命を受ける」[28]。

この一文は、様々な解釈を可能にするが、初期の教会の主導者の中には、こうした言葉を、キリスト教に献身しつつ、家族の絆から離れて暮らす独身生活が、キリスト教徒にとって最良の生活形態であると解釈する者もいた。初期のキリスト教に関する伝承を解釈する際に、女性の身体、性生活、家族生活の必要性を認識していたにもかかわらず、それらに対する嫌悪感を強く示すこともあった。例えば、神学者であり哲学者でもあったアウグスティヌスは、四世紀から五世紀にかけて生きた人物であるが、「〈だから〉子供を産むという理由を除外して、他のいかなる助けのために女が男に創られたのか、わたしにはわからない」と書いている[29]。結婚に関する記述において、アウグスティヌスは、独身でいることが、最高の精神状態であると述べている。「結婚による子を生むための性的関係は罪ではない。欲情を満たすためではあるが、配偶者とだけの性的関係は閨の信実のゆえに、許される罪である。しかし、姦淫ないし私通は、非常な大罪である。こういうわけで、あらゆる性的関係をさし控えることは、子を生むためになされる、結婚による性的関係よりも、いっそう善いことである」[30]。

二世紀から三世紀にかけて活躍した著述家テルトゥリアヌスは臆面もなく女性嫌いを表明したが、彼からすれば、性交の欠点を相殺するはずの子どもを授かるという美点でさえ、夫婦間の性交を正当化するには十分ではなかった。性行為に対するテルトゥリアヌスの考え方には、世界に罪をもたらしたイブへの非難という伝統的な見解が組み込まれていた。テルトゥリアヌスはキリスト教徒の女性に対して次のように述べている。「あなた方は、神の表象である男（man）をいともたやすく破壊した」。テルトゥリアヌスによれば、人間の法律だけが、夫婦間の性交と夫婦ではない男女間の姦淫とを区別している。彼は「男性にとって最良のことは、女性に触れないことだ」と信じていた。「それゆえに童貞であることは、最も神聖なことである。なぜなら姦淫に心惹かれることがないからである」[31]。

多くの場合、性行為に対するこの嫌悪感が女性嫌いを伴っていたにもかかわらず、初期のキリスト教の教えは、結婚を従順に受け入れる以外の選択肢を与えることで、女性に力を与えもした。その選択肢とは貞操の誓いであった。この新しい選択肢の重要性は、女性殉教者の話から明らかである。それは、かつてゾロアスター教が支配的であった地域で特に激しく見られる。そうした地域では、女性殉教者のうち、生き様が記録されている者のほぼ全てが、貞操の誓いを立てることによって、宗教的権威と家族を憤慨させていた[32]。キリスト教に女性が改宗することの脅威は、とりわけゾロアスター教徒にとって破壊的に大きかった。なぜならば、キリスト教の教えは、女性に男性中心の宗教組織やゾロアスター教の聖職者に反抗し、ゾロアスター教の家族秩序における最も重要な義務である出産のための行為を拒むよう促したからであった。

女性殉教者たちの反抗的な態度は注目に値する。彼女たちの一人、ターボという名の女性は、四世紀に現在のイラクに住んでいた。彼女はゾロアスター教の聖職者から異端を疑われて取り調べを受けていたが、その聖職者から結婚を申し込まれた。彼は彼女に、彼の妻になることを受け入れれば、命を助けることができると伝えた。彼女の伝記に記されている彼女の返答は、軽蔑に満ちたものであった。「お黙りなさい。邪で神に敵対する者よ。二度とそのようなおぞましいことを口にしてはなりません。私はキリストの花嫁です。キリストの名において、私は純潔を守っているのです。……私は潔く死を選びます。そうすることによって、永遠の命を得ることができるのですから[33]」。

＊　＊　＊

最初期の宗教は、宗教上の象徴であり、宗教実践の重要な場所として、家族に重点を置くのが慣例であった。一部の宗教では、家族との緊張や競合を通じて新たな伝統が創り出されることもあった。この緊張は、宗教史に対する家族の重要性を減少させることはなく、むしろ強調する役割を果たしたのであった。

注

（1） Ian Tattersall, *The World from Beginnings to 4000 BCE*（New York: Oxford University Press, 2008）, pp. 89-108 を参照。

（2） Alister Doyle, "Botswana 'Snake Rock' May Show Stone Age Religion," *The Namibian*, December 4, 2006, http://www.namibian.com.na/index.php?id=28&tx_ttnews[tt_news]=22763&no_cache=1（二〇一一年三月一一日閲覧）.

（3） Bettina Arnold, "Gender and Archaeological Mortuary Analysis," in *Handbook of Gender in Archaeology*, edited by Nelson, pp. 137-170.

（4） Michael Cook, *A Brief History of the Human Race*（New York: W. W. Norton, 2005）, pp. 51-52, 110.〔マイケル・クック著、千葉喜久枝訳『世界文明一万年の歴史』柏書房、二〇〇五年、八〇～八一、一六三頁〕

（5） Bettina Arnold, "Gender, Temporalities and Periodization in Iron Age West-Central Europe," *Social Science History* 36, 1（forthcoming, spring 2012）.

（6） "The Story of Isis and Osiris," Ancient Egypt: The Mythology, last modified April 21, 2001, http://www.egyptianmyths.net/mythisis.htm（二〇一一年九月二七日閲覧）.

（7） Barbara Watterson, *Women in Ancient Egypt*（New York: St. Martin's Press, 1991）, p. 21.

（8） Karl Taube, *Aztec and Maya Myths*（London: British Museum Press, 1993）, pp. 57-58.

（9） Genesis（King James Version）, 2011 http://quod.lib.umich.edu/cgi/k/kjv/kjv-idx?type=DIV1&byte=1477（二〇一一年九月二七日閲覧）.〔「創世記第一章一節」「同第一章二節」日本聖書協会『旧約聖書　聖書協会共同訳』日本聖書協会、二〇一八年、（旧）一頁〕以下、『旧約聖書』の言葉は、この訳書に従う。

(10) Gerda Lerner, *The Creation of Patriarchy* (New York: Oxford University Press, 1987), pp. 168-180.
(11) Lerner, p. 170.〔「創世記第二章七節」「同第二章二一節」「同第二章二二節」「同第二章二三節」『旧約聖書 聖書協会共同訳』(旧) 二、三頁〕
(12) Cook, *A Brief History of the Human Race*, pp. 65-69.〔クック『世界文明一万年の歴史』九七〜一〇二頁〕
(13) Brian Peter Harvey, *An Introduction to Buddhism* (Cambridge University Press, 1990), p. 140.
(14) Wendy Doniger with Brian Smith, *The Laws of Manu* (New York: Penguin, 1991), p. 3.〔「第一章一節」「同二節」渡瀬信之訳注『マヌ法典』平凡社、二〇一三年、二〇頁〕以下、『マヌ法典』の言葉は、この訳書に従う。
(15) Doniger, pp. 115-116.〔「第五章一五四節」「同一五五節」「同一六四節」「同一六五節」『マヌ法典』一九三〜一九四頁〕
(16) Leila Ahmed, *Women and Gender in Islam: Historical Roots of a Modern Debate* (New Haven: Yale University Press, 1992),〔ライラ・アハメド著、林正雄ほか訳『イスラームにおける女性とジェンダー』法政大学出版局、二〇〇〇年〕を参照。
(17) Ahmed, p. 65 から引用。〔アハメド『イスラームにおける女性とジェンダー』九四頁〕
(18) Ahmed, pp. 49-52.〔アハメド『イスラームにおける女性とジェンダー』七〇〜七二頁〕
(19) Ahmed, p. 76.〔アハメド『イスラームにおける女性とジェンダー』一一二頁〕
(20) Ahmed, p. 84.〔アハメド『イスラームにおける女性とジェンダー』一二二頁〕
(21) Ahmed, p. 87.〔アハメド『イスラームにおける女性とジェンダー』一二七頁〕
(22) *Life of the Buddha by Aśvaghosa* translated by Patrick Olivelle (New York: New York University

Press, 2008), p. 5.〔「第一章九節」梶山雄一・小林信彦・立川武蔵・御牧克己訳注『完訳ブッダチャリタ』講談社学術文庫、二〇一九年、一一頁をもとに、一部修正しつつ訳出した〕

(23) *Life of the Buddha*, p. 233.〔「第八章六七節」『完訳ブッダチャリタ』九二頁〕

(24) *Life of the Buddha*, p. 249.〔「第九章一四節」『完訳ブッダチャリタ』九八頁〕

(25) *Life of the Buddha*, p. 255.〔「第九章三一節」『完訳ブッダチャリタ』一〇〇頁〕

(26) この話への優れた入門書は、Stephen Teiser, *The Ghost Festival in Medieval China* (Princeton: Princeton University Press, 1988).

(27) Galatians 3: 28, AppData/Local/Temp/%3Ca href=http://quod.lib.umich.edu/cgi/k/kjv/kjv-idx?type=DIV1&;byte=1477（二〇一一年九月二七日閲覧）.〔「ガラテアの信徒への手紙　第三章二八節」日本聖書協会『新約聖書　聖書協会共同訳』日本聖書協会、二〇一八年、（新）三四〇頁〕以下、『新約聖書』の言葉は、この訳書に従う。

(28) Luke 14: 25-35 and 18: 28-30, AppData/Local/Temp/%3Cahref=http://quod.lib.umich.edu/cgi/k/kjv/kjv-idx?type=DIV1&;byte=1477（二〇一一年九月二七日閲覧）.〔「ルカによる福音書　第一四章二六節」「同第一八章二九節」「同第一八章三〇節」『新約聖書　聖書協会共同訳』、（新）一三五～一三六、（新）一四三頁〕

(29) Ahmed, p. 36.〔アハメド『イスラームにおける女性とジェンダー』五一頁〕

(30) Augustine, "On Marriage," §6, Women can be Priests, http://www.womenpriests.org/traditio/august.asp#venial（二〇一一年九月二七日閲覧）.〔「結婚の善」アウグスティヌス著、岡野昌雄訳『アウグスティヌス著作集七　マニ教駁論集』教文館、一九七九年、二四〇頁〕

(31) Tertullian, ***De Cultu Feminarum***, Book 1, Chapter 1, and "An Exhortation to Chastity," Chapter 9,

Women can be Priests, http://www.womenpriests.org/traditio/tertul.asp（二〇一一年九月二七日閲覧）.

（32）　これらの史料に関するコレクションは、Sebastien Brock and Susan Harvey, editors, *Holy Women of the Syrian Orient*（Berkeley: University of California Press, 1987）を参照。

（33）　Ahmed, p. 23 から引用。〔アハメド『イスラームにおける女性とジェンダー』三二頁〕

訳注

〔1〕　コルテスはグアテマラ南部のキチェ族を制圧し、マヤの偶像破壊と焚書を断行し、キチェ族にスペイン語を教えた。アルファベットを覚えたキチェ族が自らの歴史や信仰をアルファベットで書き残したものが『ポポル・ブフ』の原本である。

〔2〕　はっきりとは家系を辿ることができない場合もあるが、同一の始祖を持ち同一の成員であると認識している氏族のこと。

〔3〕　部族内を二つに分けた各集団のこと。半族は、オーストラリアの部族に共通して認められており、それぞれの半族に名前がつけられている場合もあるが、アランダ族の場合、名前はつけられていなかった。彼らは異なる半族同士で結婚しなければならず、その子どもは父親と同じ半族に入れられた。アランダ族では、それぞれの半族を二つの集団に分割し、それをさらに二つの下位集団に分けた。こうしてできた八つの下位集団が婚姻集団として理解され、結婚規則に則って結婚相手が決められた。詳しくは注(12)の文献の該当箇所を参照。

〔4〕　法学者たちはそれぞれ信頼度が高いと思われる伝承を選んで編纂したため、学派や学者によって内容が異なる。のちにハディースの真偽を検証するハディース学が成立した。

〔5〕　七六六～八三一年。第二代カリフ・マンスールの孫でハールーンの従姉妹。

第3章　支配者家族
――政治の黎明期における家族のつながり（紀元前約三〇〇〇年～一四五〇年）

◆古代君主政(1)――典型的な男性優位の世襲制

ユーフラテス川流域のシュメール遺跡から出土した古代の粘土板には、紀元前二〇〇〇年初頭以降の王朝と歴代の王が記録されている。この王名表は、家族の血統と王権との密接な関係を示す、現存するものとしては最古の文書の一つである。ここに記載されている王の中で、別の文書でもその存在が確認できる最古の王は、紀元前六〇〇〇年ごろにこの地を統治していたとされる人物である。しかし、王名表はそれ以前の記述から始まっており、天から最初の地上の王、アルリムへ王位が譲渡されたという神話が描かれている。このシュメール王名表には王朝が終焉したことや、統治権力が、ある主要都市から別の都市へ移動したことも書かれているが、最も頻繁に出てくるのは、父親から息子へと王位が継承されたことを示す記述である。例えば、ギルガメシュの父親はウルク第一王朝の王であり、ギルガメシュ自身は一二六年間王位に就いていたと記録されている。彼の跡を継いだのは、息子ウル・ヌンガルであり、ウル・ヌンガルは三〇年間統治したが、その後、彼の息子ウドゥル・カラマが王位を継いだ。粘土版に刻まれた、数千年の時を経て残された王名表は、政治の歴史と家族の歴史を一つの系図に表すことで王権を正統化した。

こうした記録は、古代メソポタミアで発展した初期国家が家族を基盤に存在していたことを映し出している。地中海のすぐ東側に位置するこの地域の農耕集落は、約五〇〇〇年前から規模を拡大し、密集し始めた。ここに世界史上初めての巨大な諸都市が誕生した。その人口は、チャタルヒュユクのようなそれ以前の農業中心地が霞んで見えるほど大きく、数十万人にものぼる規模であった。以前は、家族単位や各世帯の小集団によって行われていた多くの活動が、初期古代国家の支配者とその家臣、宗教権力の管理下に置かれるようになった。そのときにも、メソポタミアの支配者たちは、血縁を通して構築された同盟関係を権力の基盤とした。家族のあり方と家族の関係性は、これらの新しい都市国家が登場するにあたって、決定的に重要な役割を果たしたのである。

古代メソポタミアの歴代の王はまた、家族の中から重要な神殿の祭司、あるいは軍の駐屯基地の司令官を任命した。アッカド王朝の創始者サルゴン王は、彼の娘エンケドゥアンナを、宗教上からも政治戦略上からも重要ないくつかの神殿の最高祭司に任じた。その一つがウル市の月神を祀る神殿であり、もう一つはウルクにある天空の最高神アンを祀る神殿であった。エンケドゥアンナはアッカドの女神イシュタルだけではなく、シュメールの女神イナンナにも祈りを捧げた。(彼女の父親とは異なり)エンケドゥアンナはアッカド語とシュメール語の両方を話すことができたので、父親が支配する帝国内の二つの地域を宗教的、文化的に媒介する極めて重要な役割を果たした。とはいえエンケドゥアンナは特別な存在ではなかった。彼女は、この王朝で最高祭司として仕えた最初の娘であったが、その後、初期メソポタミア諸王国では娘たちが何世代にもわたってこの役割を担い続けた。このように、家族関係は初期の国家建設事業にとって重要なものであった。王家の男性家長が次第に采配を振るうようになったが、だからといって彼らの娘や妻は、いざとなったら売りに出せる単なる所有物というわけではなかった。すなわち彼女たちもまた、しばしば影響力を行使し、強力に政治活動を行ったのであった。[1]

メソポタミアの王家は当時の他の家族と全く異なっていた。エンケドゥアンナは王家の娘かつ巫女であり、彼女の父親は王だった。彼女が住んでいたメソポタミアの都市では、彼女を含めた王家と王室は、商人、書記、職人、兵士、日雇い労働者、楽師の家族労働に支えられていた。食料は近隣の農作地に住む農家から献上されていた。このように人々の間には社会的、経済的な格差が存在していたが、これは、都市社会の進化とともに生じたことであった。すなわち、家族内での世代間およびジェンダー間の関係性と、家族間における異なる社会階級という両面で、大きな不平等が生じていたのである。都市が依存する灌漑システムや紀元前二一世紀に存在したウル市のジッグラト〔1〕のような印象的な記念碑を建設した労働者集団は、王や神官のもとに仕える役人の監督下で働き、労働の対価を食料配給で得ていた。こうした建築物の一部は現存している。労働者層の家族にとってみれば、農業社会への移行がそのまま全ての人々の生活水準を向上させることを意味したわけではなかったし、都市コミュニティの出現によって、快適な生活が必ずしも約束されたわけではなかったのである。[2]

古代メソポタミアの支配者たちが制定した法律によって、家族生活の様々な領域が国家権力のもとに置かれるようになった。それまで王家の娘や妻が重要な役割を果たしていたにもかかわらず、次第に男性と女性のパワーバランスは、女性にとって不利な形に変容していった。家族関係は依然として政治領域では重要であったが、家族のあり方は変化した。我々が確認できる最古の法典である紀元前二〇〇〇年ごろのメソポタミアの法典では、男性、とりわけ父親に、妻や子どもたちを支配する極めて強い権力が与えられた。

古代メソポタミアで紀元前一七五〇年ごろに作られたとされている『ハムラビ法典』には、家族についての規定が多く含まれている(2)。これらの法文は、家族内部の財産所有権とその譲渡を定めている。男性でも女性でも、子は家族の財産に対する権利を持っていたが、両者の権利には違いがあった。息子たちは父親が死亡した際に、その富と財産の大半を引き継いだ。一方、娘たちは結婚する際の持参金という形で、家族の富を分配された。娘の相続分は兄弟のそれとは同じではなかったが、結婚後、彼女は持参金をある程度、管理することができた。最終的に彼女が亡くなると、持参金が夫や息子のものになったとはいえ、女性は生涯を通じてこれを経済的な保証の手段として利用することができた。『ハムラビ法典』はまた、娘たちの婚前の貞操を守るために家族が彼女たちを厳格に監視することや、父親が子どもたちの配偶者を最終的に決定する権利を持つと定めていた。これらの法文は、家族とその財産に対する父親の権利を強化すると同時に、より多くの財産を強固な家族支配のもとに置くことによって、エリート家族の社会的地位を不動のものとした(3)。

メソポタミアの家族法におけるこうした特徴は、長期にわたる歴史的発展という視点からみると極めて重要である。なぜならば、この地域にその後、登場することになる多くの社会は、メソポタミアと似た法律と家族関係を作り上げたからである。古代メソポタミアの法律の規定と同様の家族に関する取り決めは、ギリシアやローマといった古典時代の社会において、「自然」なものと捉えられるようになった。子どもに対する父親の権威と妻に対する夫の権威は、単なる家族内の問題ではなかった。それは法の力に支えられるものだった。したがって、国家の権威と家族法は合わさりながら発展したのである。

メソポタミアの事例は古代諸文明の典型をなしており、種々の古代文明においては、政治的権威とその継承の正統性を担保し、政治権力を行使するための最適な回路かつ範例となる枠組みとして、家族関係が当然のように利用された。メソポタミアは、歴史史料に記録された最古の国家を形成した社会の一つであった。紀元前三千年紀から紀元二千年紀までの間に、世界中に様々な国家が出現した。これらの国家がとった様々な形態、王国、帝国、連合国、あるいは共和国のどれをとったとしても、建国者たちは、ほぼ常に彼ら自身の家族と支配者としての地位を結びつけた。あるいは少なくとも、家族という枠組みや家族のような関係を根拠に国家を統治する方法を模索したのである。

古代の国家は、そのほとんどが君主政の王朝であった。つまり、王のような単一の権力者の手に支配が委ねられており、その者が支配権を受け継いだあと、次は息子や娘、あるいは他の親族に支配権を渡すという形を取るのが通例であった。政治的権威を家族と結びつけることで、家族による継承を自然で正統性のあるものに見せていたのは間違いない。したがって家族内の権威と国王としての権威がお互いを補強した。王権だけでなく国家権力の他の手段もまた、家族のつながりや家族という枠組みをよりどころにした。多くの古代の建国者たちにとって、軍による征服は、政治秩序と社会構造を構成する重要な要素の一つであった。国家は、少なくとも部分的には、軍隊や警察のような強権的に支配しうる組織を用いて領土を支配した。支配者たちは国内で権力を維持するため、かつ近隣を征服するために軍隊を作り上げた。

軍事組織は家族とジェンダー関係を利用し、かつこれを変化させた。なぜならば軍事活動は、実質的にはほぼ男性の活動であり、どんな能力や技術よりも軍事力を高く評価することは、ジェンダーの不平等を促進したからである。古代ギリシアやスカンディナヴィアの神話の中には、女性だけで構成される軍隊を持つ、家母長制社会や女性だけの社会について描いたものもあった。例えばコーカサス、スキュティア、南アジア、南アメリカ、西アフリカといった地域にあった古代社会の中には、実際に女性戦士がいたことを、埋葬地から発見された断片的な遺物が示唆している。しかしながら、多くの歴史的証拠が示唆しているのは、中央集権的な国家社会に付随する軍隊の組織化が、男性的な特権と権力を強化したことである。実際、多くの古代文明の政治的、法的、軍事的特徴を踏まえて、一部のフェミニストの人類学者や歴史家は、女性が不利益を被る形で再編成されたジェンダー関係が、古代国家の社会構造に基盤の一つとして組み込まれたと論じている。

◆古代君主政(2)——女性が権利を持つ社会

しかしあらゆる場所で同じことが起こったわけではなかった。例えば古代エジプトにおいて政治権力と法律によって規定された家族とジェンダー関係は、メソポタミアや他の古代世界の社会と興味深い対比を見せていた。実際、ギリシアの歴史家ヘロドトスは紀元前五世紀にエジプトを訪れた際、そこで目の当たりにした家族のあり方に驚き、「エジプト人は……多民族とは正反対の風俗習慣を持っているようだ。例えば女は市場へ出て商いをするのに、男は家にいて織物を織っている」と自身の歴史書に記載した。(4)

紀元前四世紀にエジプトを支配したギリシアの征服者は、かの地に自らのルールを課した。そのため同地では家族とジェンダーに関する異なる規定がぶつかり合うこととなった。当時のエジプトの女性は、ヴェールを被らずに自由に動き回ることができた。これはギリシアの上流階級女性には考えられないことであった。ギリシアの上流階級女性は、公の場に出ることを控えるよう指示されており、公の場に出たときには頭を布で覆うことが求められていた。(5) ギリシアでは、女性は常に男性保護者（通常は父親や夫）の保護下に置かれており、彼らは彼女を服従させる力を有していた。例えば、保護下にある女性が財産を使用しようとすれば、必ず男性保護者による許可を得なければならなかった。しかしながらエジプトでは、はるかにジェンダー平等主義的な法典が広く普及していたため、エジプトの女性たちはそれに従うかどうかを自分で選択することができた。すなわち、彼女たちは引き続き

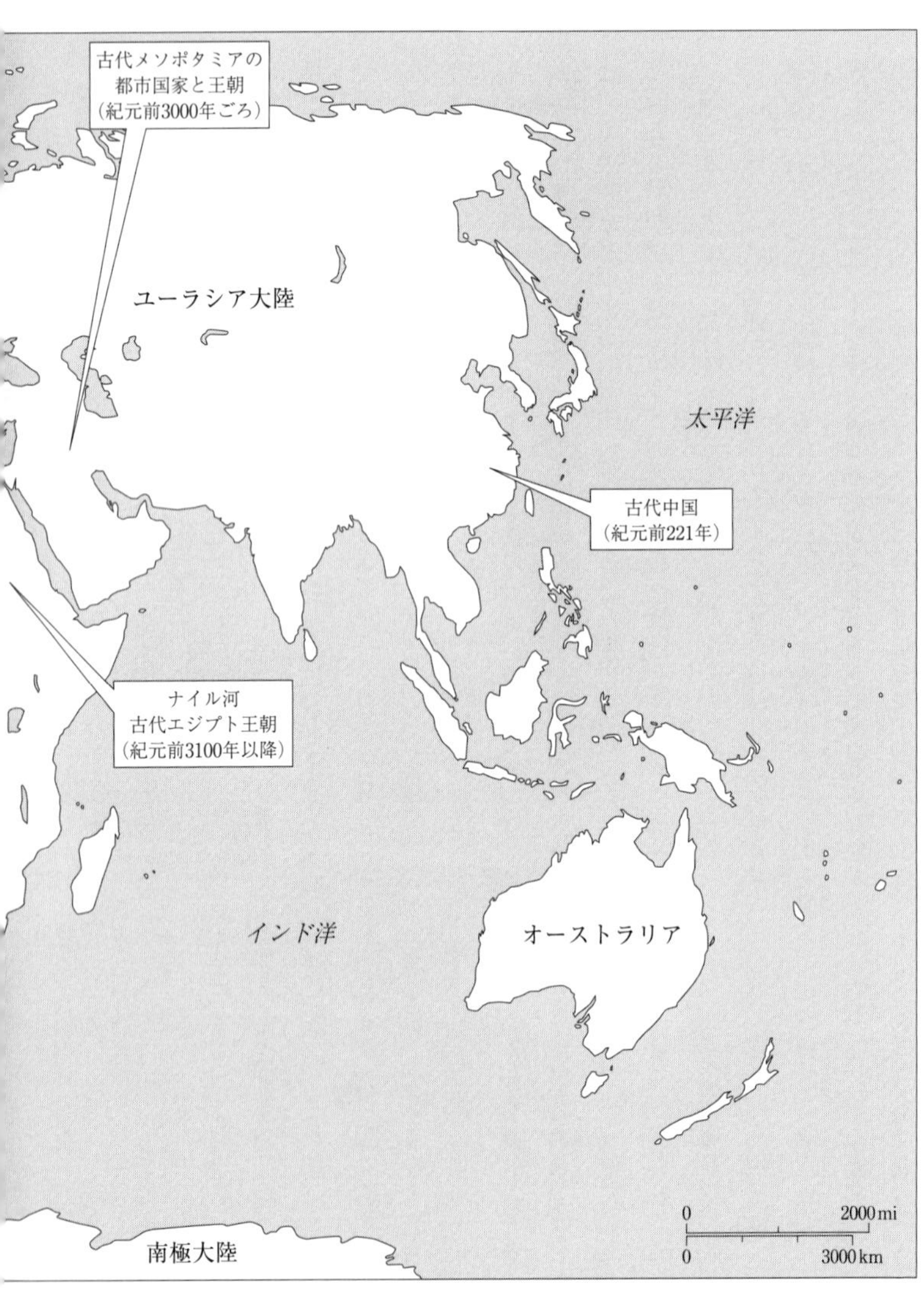
古代メソポタミアの
都市国家と王朝
（紀元前3000年ごろ）
ユーラシア大陸
太平洋
古代中国
（紀元前221年）
ナイル河
古代エジプト王朝
（紀元前3100年以降）
インド洋
オーストラリア
南極大陸
0
2000 mi
0
3000 km

国家

ハンザ同盟の中核を
める北ドイツの諸都
(12世紀以降)
港湾都市
リューベック
ハンブル
北米
都市国家古代アテネ
(紀元前6世紀ごろ)
大西洋
都市トンブクトゥ
(1100年)
マヤ地域
(200年ごろ)
ア
ガーナ帝国，マリ帝国，
ソンガイ帝国
(800〜1600年ごろ)
南米
大西洋
太平洋

家族と

公の場に姿を現すことや、商業取引を行うこと、財政的、法的な問題に対して自分自身で対処することができたのである。例えば、パピルスに記された紀元前二四九年のある訴訟事件に関する記録には、テイ＝ヘテムという名のエジプト人女性が、「通常通り三年以内に返金することを条件に、夫に銀三デベン（二七三グラム）を三〇パーセントの利息で貸した」ことが記録されている。(6)

女性は自身の男性家族と公の場で争うことさえできた。同時期の別の事例では、二人のエジプト人女性が、親族の男性を相手取り、訴訟を起こした。というのも父親が女性たちに残した財産を、その男性が男性優位のギリシアの法規定を利用して没収しようとしたからであった。別の事例では、エジプト人女性が父親を告訴したが、それは、彼女が夫から貰った品々を、父親が先の事例と同じく彼女から奪おうとしたからであった。(7)

このようにエジプト人女性は同族の男性から法的に独立していたが、この状況は、ギリシアの征服者が侵入した時点で、すでに一〇〇〇年もの間、続いてきたことだった。実際、紀元前三千年紀初期の記録には、エジプト人女性は結婚していようと未婚であろうと、不動産を購入することができたし、相続することもできた。さらには自らに関する手続きを行うことも、自ら訴訟を起こすことなどもできた。結婚に際して、女性は通常、自分の家族から抜けて夫の家族の一員になるとみなされるが、彼女たちは依然として、夫の家族から法的、経済的にかなりの程度、独立した形で過ごすことができたのである。

政治的な地位の点から言えば、ほとんどのエジプト王、すなわちファラオは実際には男性であったが、彼らは前王妃の娘と結婚することによって、王位が自分のものであると主張した。[3]このことはしばしば、王家内できょうだい間や異母きょうだい間の結婚を促した。なぜなら皇太子は王の娘との結婚によって自らの権威を確保する必要があったからである。ファラオ時代のエジプトには、ほんのわずかな女王しかいなかったが（紀元前三一〇〇年から三四三年の間に、五〇〇名以上の王がいたが、女性はたった四名だけであった）、女性の支配者の合法性は、早くも紀元前二九〇〇年には原理上認められていた。ハトシェプストのように女性が支配者になることは例外的であったが、それでも女性が王位に就くことは、ジェンダーと政治権力の関係についてエジプト人が理解していたことと矛盾してはいなかった。

ハトシェプストは、王女として生まれ、王妃となり、さらに少年王の摂政もつとめたあと、紀元前一九四〇年に王位に就いた。彼女は女性でありながら男性王として君臨した。すなわち男性に対する呼称である王を名乗り、キルトと付け髭で王権を表した装束で自らを描写させた。興味深いことに、男性的なアイデンティティを主張する手段として付け髭を用いることは、ハトシェプストが初めて行ったことではなかった。男性のファラオが付け髭を用いることもあったのである。髭は確かに男性性の象徴であるが、しかし古代エジプトにおいては、支配者にとって髭は生やすものではなく付けるものであった。加えて重要なことに、ハトシェプストは、自身が女性であるという事実をごまかすことは決してしなかった。例えば彼女の碑文には神アメンの娘と刻まれている。例外的とはいえ、彼女や他の女性君主がエジプトを統治していたという事実は、古代エジプトにおいて女性が男性を意味する

ハトシェプストの頭をライオンの体にくっつけたスフィンクス
治世は紀元前15世紀後半。偽の髭は古代エジプト王家の権威を示すシンボルの一つであり，男性の王も女性の王も付けた（The Metropolitan Museum of Art/Art Resource, NY/*The Family,* p. 37）。

王となること、すなわち女性の王という言葉が矛盾を含むものではなかったことを証明している(8)。

王位に就かない場合でも、王や王妃の母親や娘、姉妹が王位や王位継承に極めて重要な意味を持つことはしばしばあった。王妃ネフェルティティは、エジプトの歴代王妃の中で最も讃えられた王妃の一人であったが、彼女はしばしば、紀元前一三五二年から一三三八年まで王位にいた夫アクエンアテン（アメンヘテプ四世）と双子あるいは同一の存在として描かれた。彼女が夫の治世の終盤に、共同統治者として夫とともに統治に携わった可能性があるという見解があるほどである。

エジプト以外では王の配偶者が持つ権力は非公式であることが多かったが、エジプトの王妃の地位は、王位継承のルールと「王の偉大なる妻」という公式の称号によって支えられていた。母から娘へと受け継がれた「神の妻」という称号は、男性支配的な神殿の聖職者たちに対しても権威を持ち、ファラオ統治下のエジプト史において、一時期ではあったが、王家の女性にとって権力の基盤となった。女性は、ほとんどの場合、家族とのつながりなしには政治的に強力な存在にはなりえなかった。しかし、「王位を継承するためには義理の母が王家の者でなければならない」とする規則に示されるように、彼女たちの特別で独特な王家としての役割が存在したことは、王朝制度における男性の政治的権威が家族のつながりにも依存していたことを強く示している。

◆古代君主政(3)——ゆるやかな世襲の論理

古代の中国では、皇帝の地位は支配者家族の家系、すなわち王朝内で世襲に基づいて受け継がれたが、政治的権威の基盤としての家族と世襲の観念は、優秀さという観念によってある程度はゆるやかに用いられた。世襲と優秀さの間の緊張関係は、神話に描かれた賢王堯（中国の伝説上の皇帝）とその後継者である舜の物語が体現している。彼らは中国の政治秩序の創始者と言われているが、どちらにも王位を継承するに値する息子がいなかったため、彼らはそれぞれ自ら能力を評価して選んだ者、すなわち堯は舜に、舜は禹に王位を譲り渡した。禹には王位を譲ることのできる才能ある息子がいたため、王朝内で王位を移譲することが行われた。

天命という観念は、王位継承の考え方にさらなる正統性を与えた。王朝は天命を保持している限り、正統なものと考えられた。すなわち一旦、天命が失われれば正統性も失われた。支配者家族が天命を持っているという天からの合図は、定期的に雨が降ることや作物の育ちが良好であること、そしてそ

紀元前1350年ころに彫られた家の装飾

アクエンアテン王（アメンヘテプ4世）とネフェルティティ王妃，そして2人の間に生まれた3人の娘が描かれている。王と王妃がシンメトリーに配置されているが，これはおそらく共同統治者としての彼らの関係性が投影されていると思われる（bpk, Berlin/Aegyptisches Museum, Staatliche Museen/Art Resource, NY/*The Family,* p. 38）。

れゆえに民衆の幸福が守られていることなどであった。日照りや不作、民衆の不安感は、王朝が天命を失った確たる印であった。中国史を紐解くと、どの時代においても反対勢力は、現王朝が天命を失い、自分たちが天命を継承したと繰り返し主張している。この仕組みによって、王位継承の原理は維持されながらも、新しい支配者家族の誕生が可能となった。中国は秦朝のもと、紀元前二二一年に帝国として統一され、続く二〇〇〇年にわたって中華帝国はいくつもの王朝によって支配された。分裂の時期（例えば紀元二二〇年から五八九年のそれ）でさえ、いくつもの国家が王朝原理に則って自らを作り上げた。

中国における王朝の権力は通常、父から息子へと引き継がれた。しかしながら場合によっては、兄弟や甥、あるいはその他の男性親族が王位を継ぐこともあった。皇后・皇太后（皇帝の妻の場合もあったが、多くは皇帝の母がその地位に就いた）は、統治において極めて重要な役割を果たすことができたが、しかし彼女たちが統治に関わることの正統性は、常に男性である皇帝を通して認められていた。七世紀の女帝武則天は「皇帝」の称号を要求した唯一の女性であり、彼女の統治は一般的に皇位簒奪とみなされてきた。このことは、自らの権利として正統に統治することができ、王妃の娘として結婚を通じて新しい王を正当化することもあったエジプトの王妃たちとは、役割が異なっていたことを示している。

統治権が父系に継承されるという伝統的に続いてきた慣習以外にも、他のいくつかの文脈において、家族的な比喩が中国における統治の概念化に重要な役割を果たした。すなわち皇帝は「天帝の息子」であり、彼だけが実行することのできる儀式があった。漢王朝（紀元前二〇六年から紀元二二〇年）においては、儒教として知られる思想体系が国家のイデオロギーとなり、家族内でも私的な倫理体系としてそれを取り入れた。儒教の基本書は『論語』である。『論語』は紀元前五世紀に中国で活躍した思想家孔子の弟子たちによって編纂された格言集である。『論語』や他の初期の儒者たちの書物に関する注釈は、現代に至るまで中国思想の中核を形成してきた。

儒教において、国家は家族を大規模にしたものであり、うまく統治された帝国はうまく管理された家族の上に築かれると主張された。儒教によれば「五倫」（君臣、父子、夫婦、長幼、盟友）は、家庭内と政治領域の両方において、社会の構成要素であった。政治的関係は家族関係（とりわけ親子関係と夫婦関係）と類似したものとしてみなされた。家族の美徳に関する議論は、政治と密接に関係していたために、さらに切迫感を帯びたものとなった。

親孝行（子どもが親に対して負っている義務）と妻の貞節さは、その政治的重要性のために極めて重要な美徳となった。一般的なことわざでは、「臣は無条件に君に服従し、妻は無条件に夫に服従しなければならない」〔三綱（君臣・父子・夫婦間の道徳）〕と言われた。『列女伝』（西暦一世紀に初めて編纂されたが、その後も改訂され続け、何度も再版された）などの書物には、再婚を避けるために長い間ずっと未亡人のままでいた話（極端な場合、自殺までした）が繰り返し掲載された。これらの物語が示しているのは、政治的忠誠を尊ぶべきであるという教えが、男性にとっても女性にとっても極めて重要なものと考えられていたことであった。

しかしながら、皇帝は一人で統治を行ったわけではなかった。彼は功績に基づいて選ばれた官僚の手を借りながら統治していた（のちの中国社会では、官僚は任用試験に基づいて選ばれるようになったが、漢王朝の時代には、まだそれは行われていなかった）。地方の長官と行政官は、中央政府によって任命された。その際、中国国内ではあるものの、出身地域とはかなり離れた血縁者のいない地域に任ぜられることも度々起こった。行政官は「父母役人」と呼ばれ、政治的権威に不可欠な家族という枠組みが持つ権威の重要性を強化する役割を果たした。ある役人の任命が論争となり、最終的に世襲の論理が破棄され、実際の血縁関係が意味を持たなかったときでさえ、範例としての家族という枠組みが持つ権威が揺らぐことはなかった。

◆古代君主政⑷――ゆるやかな父系社会

これとは対照的な家族と政治的権威との相互作用の事例は、マヤにみることができる。古代マヤ（おおよそ一世紀から一〇世紀まで）は、現在の南メキシコとホンジュラス、ベリーズ、グアテマラの一部となっている地域に点在する都市国家からなっていた。マヤと呼ばれた地域は統一された政治体ではなかったが、我々がマヤと呼ぶ人々は、共通する数多くの重要な特徴を備えていた。その中には、書き言葉、暦、芸術的表現形態があった。都市国家は相互に交易し、時折、マヤの文化圏の外にある中央メキシコの地域と交易することもあった。一方でいくつもの都市国家間で戦争が起きることは珍しいことではなく、古代末期が近づくにつれて激化した。これらの都市国家における統治権は代々継承された。それは通常、父から息子に受け渡されたが、息子がいない場合は、弟や娘に引き継がれることもあった。

マヤの親族構造は、主として父系に基づいていた。女性は結婚を機に夫の世帯に入り、その子どもたちは父親の家族の一員として数えられた。しかしながら、女性が結婚を機に出身家族を離れる他の多くの父系社会とは違って、マヤの既婚女性は、その後も長きにわたって出身家族との関係を維持し続けた。さらに、その子どもたちにとって母親の出身家族は、正式に帰属する二つ目の居場所のようなものであり、特に、男子の場合は、母親の兄弟がその子に狩りや戦いの仕方を教える役割を担った。

マヤのエリート男性は、複数の妻を娶ることができた[9]。父系の親族同士の結婚は認められなかったので、婚姻によるネットワークは、様々な親族間、さらには居住地域を越えた人々の重要な同盟網を構築した。ある都市国家の支配エリートの一員が、他の都市国家の支配者と結婚による同盟関係を築くこともしばしば行われた。このことは、都市国家間の関係を構築し、あるいはその結びつきを強化するとともに、マヤ文化の統合を生み出す重要な契機となった。時折、マヤと取引のあった中央メキシコのマヤ人以外の人々と結婚が執り行われることもあった。

マヤが豊富に残した図像には、家族と国家の関係が表現されている。パレンケの都市国家から出土したレリーフには、サク・クックという名の女王が、六一五年に息子であるパカルに王位を譲ったときの出来事が描写されている。サク・クックは、六一二年に父親から王位を継ぎ、三年間、統治した。このレリーフには、王位を引き継いだ当時、一二歳だったパカルが、双頭のジャガーを象った王座に座った姿で描かれている。サク・クックの衣装は、マヤの神々の中でも最も重要な神の一つであるトウモロコシの神を彼女が具現していることを表している。マヤの支配者たちは、政治的な正当性を主張する方法として、折に触れて神々の姿をとった。サク・クックが息子に権力を移譲する際に、彼女自身の権威とともにトウモロコシの神の権威に訴えたように描かれている。サク・クックは、死後の世界でも権威ある人物であり続けた。(10) パレンケの支配者たちにとって、死後に神として扱われることは珍しいことではなかった。このように、彼らは、祖先だけではなく、神とも親戚関係になったのである。

メソポタミア、エジプト、中国、そしてマヤの古代諸国家は、実際にはかなり違いがあったとはいえ、これらは全て、王位継承を世襲で行っていた。それぞれの国家において、政治的権威を家族相続と結びつけることは、より自然で正統なものにみえた。それぞれで参照される範例としての家族のあり方は、極めて多様であった。それぞれの国家における王家の結婚は、次世代の王位継承候補者を生み出した。しかし、結婚はどこでも同じ関係を構築するものではなかった。例えば、エジプト王家の結婚は、時折きょうだい間や異母きょうだいとの結婚を強いることもあり、前王妃から義理の息子へ

7世紀のメソアメリカのレリーフ

母親から息子に王権が引き継がれる様子が描かれている。このレリーフの左側に座っているのが，女王サク・クックであり，息子であるパカルに王冠を受け渡している。パカルは双頭のジャガーを象った王座に座っている。レリーフの文字（左上は横書き，右上は縦書き）には，サク・クックとパカルが母と息子であると書かれている（Courtesy of the Peabody Museum of Archaeology and Ethnology, Harvard University, No. 92-50-20/C1110/*The Family,* p. 42）。

と統治権が受け渡されることもあった。それに対して中国では、通常、父から息子へ王位が譲られた。古代中国やマヤにおいては、王家（あるいはその他）の結婚では、重婚が認められていた。とはいうものの、これらは細部においては多様ではあるが、王朝国家が最初に出現した瞬間から、家族と親族関係は政治的権威と国家建設戦略に固く結びつけられていたことがわかる。これらの国家の中で、家族が統治における政治的権威の唯一の根拠であったところは一つもないが、しかし全ての国家で必須のものであった。

◈民主政下の強固な父系社会

それでは君主政以外の支配形態はどうだろうか。父から息子へと受け渡される統治権の世襲によって、権力が正統化されなかった国家でさえ、家族の権威と政治的権威は、密接に結びついていた。紀元前六世紀に開始された古代アテネの民主政による政治形態という実験は、国家を形成する社会の出現に君主政を伴うのが一般的だった中では、明らかに例外的なものであり、このことは、世界史的にみて重要であった。アテナイ社会も、家族の権威と政治的権威との関係に依存していたが、しかしこれらの関係は、王朝的君主政のそれとは異なるものであった。

アテナイでは家族制度としてもジェンダー関係においても、初期のギリシア文化と比較して、女性に課せられた制限が増加した。このことは、アテナイの特徴の一つであったが、皮肉なことに、男性同士の平等な関係を築くことと関係していた。古代の貴族支配の典型であった富の不平等を緩和するには、富と地位の誇示を抑える必要があった。女性の衣装や装飾品は彼女の夫の裕福さを示す証だったので、男性同士の平等性を確保しようとする動きが、女性は公的な場所に出るべきではないという主張をさらに後押しした。女性が公の場に出る機会は、葬儀やその他の儀式に出席する場合に限られた(11)。こうして世帯、ジェンダー、親族関係は再編され、この作り替えられたものが、アテナイの生活の中心的な特徴となった。上流層の女性は、男性保護者の権威のもとで隔離され、管理された。男性は政治的権利、財産、儀式の義務を男性子孫に受け渡した。正統な男性相続人は、父系の祖先を崇拝し続けるため、そして自由民の成人男性が持つ平等な市民権（女性と奴隷は市民権からは除外されていた）に基づく家族の国政参加を継続するために必要であった。男性の後継者がいない場合に限り、娘がその代わりとなり得たが、それは、父親の家系の男性と結婚し、男の子を産むことによって、その子が母親と父親双方の父系の祖先崇拝と市民的義務を担うことができるようにするためであった。

この強固な父系文化においては、生物学的知識でさえ、父親の力を強調する方法で理解されていたことがわかる。すなわち子どもは、父親の「種」の産物であるとみなされていたのである。それゆえに母親は別の血統に属する他人であり、アイスキュロスの演劇『エウメニデス』で示されているように、単に養うだけの存在であった。

いわゆる母と呼ばれる者は子の親ではない。
あらたに植えつけられた子種の養い手なのだ。

親というのは種を植えつける役の者をいう。そして、見ず知らずの男とのあいだで、女の方が子種を受けた後、
神が害を加えない限り、その胎児をつつがなく守る(12)

アテナイにおいて市民権の継承のためには、規定に基づいて両親ともに市民であることが求められることもあったが、妻が「外国人」であっても、アテナイの男性が彼らの子孫に市民権を譲ることができるように、その規定の適用が緩和されることもあった。アテナイの民主政は、統治形態の急進的な実験という側面を持ちながらも、依然として家族と政体の間に密接なつながりを残していた。統治権に関わる機会は、君主政の場合のように、一つの家族に限定されていなかったが、しかしこれまで同様、その機会は通常、父から息子へと引き継がれた。

◆少数のエリート家族による寡頭政

王によって統治されていなかったもう一つの古代社会は、西アフリカのトンブクトゥ（ニジェール川の中流域に位置する都市）という有名な都市であった。トンブクトゥは、歴史上、周囲の王朝帝国の保護下に置かれることや、組み込まれることが何度もあったが、高度な政治的自治と独特の地方行政制度を維持していた。中央アメリカでいくつかの王家による王朝国家が築かれていたのとほぼ同じ時期に、アフリカにおいても同様の展開があちこちでみられたのである。西暦六三二年のムハンマドの

死後、一〇〇年間の間に、西アフリカの多くの地域が、カリフと呼ばれるイスラーム社会の最高指導者の支配下に置かれた。初期のカリフは部族の長たちで構成される評議会によって選ばれたが、七世紀後半にカリフであるムアーウィヤが、彼の息子のヤズィードを後継者に指名するよう評議会を説得することで、新しい慣例を作った。表向きには、後継者は依然として評議会によって選ばれていたが、しかし実際には、世襲王朝が創設されたのであった。これ以降、新しい王朝の統治者であるウマイヤ家は、常に彼らの息子の一人を後継者に指名した[13]。

西アフリカでは、この地を支配した最初の王朝帝国であるガーナ帝国が、八世紀に登場した。その後、この地はマリ帝国（一三世期から一六世紀）、ソンガイ帝国（一四世紀後半から一六世紀後半）によって支配された。これらの帝国では、王位継承の際に、息子同士、あるいは養子たちの間で、しばしば争いが起こったが、それでも「血統」あるいは家族内継承によって王位継承者を決定した。しかしトンブクトゥは、これらの王朝に囲まれていたにもかかわらず、家族と国家の新しい関係を作り出した。

都市トンブクトゥは、ニジェール川の北岸近くに一一〇〇年ごろに誕生した。この都市はサハラ砂漠以南の西アフリカの農耕社会と、遊牧民や商人が暮らす北部の大きな砂漠とを結ぶ南部への重要な貿易ルートとして機能した。トンブクトゥは、すぐに民族的、言語的、知的交差点となり、商人、移民、ムスリムの学者が遠くから集まる場所となった。トンブクトゥは、一二世紀から一四世紀の間に急速に成長し、保護を求めて、また学問や貿易のために都市にやって来た北部のトゥアレグ人と、西部と南部のフラニス人とソンガイ人といった民族的にも人種的にも多様な人々を引きつけた。おそらく一三〇〇年ごろには一万人が住んでいたとみられるが、都市の人口が三万人から五万人に達した一六世紀までその数は増え続けた[14]。

中世のアラビア語で書かれた年代記によれば、北アフリカのトゥアレグ族〔サハラのイスラーム遊牧民〕がやって来たときから、トンブクトゥはイスラーム世界の前哨基地となった。一三世紀までに、都市トンブクトゥは、すでに存在していたイスラーム系都市に対抗して学問の伝統を築いていた。トンブクトゥが持つイスラーム学術の中心地としての役割は、都市住民を北部や東部に広がるムスリム世界とをつなげた。すなわち交易の結節点としての役割は、彼らと西アフリカに住むムスリムおよび非ムスリムの住人とを結びつけたのであった。

名高いイスラームの中心であり、貿易による富の豊かな源泉であったため、トンブクトゥは、隣接する様々な帝国（最初はマリ帝国、続いてソンガイ帝国）からかなり高い自律性を長きにわたって享受した。これらの帝国の支配者たちは、概してトンブクトゥの学術的評価の高さを称え、この地で営まれる商業活動を奨励した。彼らは確かにこの都市の富によって利益を得ていたし、積極的に現地の家族と婚姻を通じて関係を築いた。レオ・アフリカヌス（一六世紀に、貿易商人、外交官、奴隷など様々な立場で地中海世界を旅した）は、一五二六年にトンブクトゥの状況について次のように記述している。「住民はかなり裕福である。とりわけこの国に定住した外国人はそうだ。そのため現在の王〔ソンガイ皇帝〕は、自身の二人の娘を、財産目当てに、商人の兄弟に妻として与えた[15]」と。

都市トンブクトゥは、現地の統治を独特な形で発展させた。その権力は、本質的には民族的に多様ないくつかの家族からなる一団の手に握られていた。これらの家族は、貿易をもとに富を蓄えていたが、経済エリートとしての彼らの地位は、イスラーム学術に関与し、支援することによって支えられていた。彼らは、イスラーム書籍を収蔵し、またそれを教授する学校や私的な図書館を設立した。一五世紀末のトンブクトゥには、約一五〇校の学校が存在した（一八九三年にフランスがこの地を支配した際には、わずか二〇校になっていた[16]）。

イスラームの学校は、男性がイスラーム教の学識を自分の息子および他の少年や若い男性に世代を超えて伝える場所であったという意味で、家族の問題であった。意欲的な生徒はたいていの場合、一人の教師（その多くが親戚であった）のもとで学んだが、彼はまた、別の学者の家で過ごすこともあった。家族がトンブクトゥ出身であった場合、生徒は実家に住んでいたが、教師の家で日々を過ごすこともあり、しばしば教師の家族と結婚するなどしてその一員になった。別の地域からやって来た生徒は、多くの場合、教師の家に住み込んだ。家族関係は、都市を担う未来の指導者や学者を教育するこのシステムにおいて、極めて重要であった。

この点を示す体現者の一人は、一六世紀半ばに生まれた高明な学者アフマド・ババである。彼は、彼の父親アフマド・イブン・アル＝ハッジ・アフマドに教えを受けたムハンマド・バガユグという名の学者のもとで学んだ。アフマド・ババは、同様にその後、自分の師の甥を教えた。教師―生徒関係が世代を超えて交替していくこのシステムは、家族間の婚姻や共同事業によって補完されることも多く、エリート同士のつながりを強化すると同時に、学びのシステムを支えることにもなった[17]。これらの家族は、学校やモスクを運営することに加えて、図書館を整備して、書籍を収集し、それを次の世代へと受け渡していった。例えば、アフマド・ババは、祖父から七〇〇冊の書籍を引き継ぎ、彼が人生を終えるときには、その蔵書数は一六〇〇冊にまで増えていた。一五九四年にトンブクトゥがモロッコに征服された際、彼が追放されたためにその蔵書は失われた[18]。

エリート家族はまた、現地の役職、特に裁判官という要職（カーディー）を独占した。カーディーは宗教上の権威を有しており（彼らによって、都市の宗教的な指導者、イマームが正式に承認された）、また立法権と司法権も握っていた。彼らは商人間や家族内で起こった宗教上の争いごとも世俗的な揉めごとも解決した。カーディーは、高い学歴と法律の知識、そして財産を有し、清廉潔白でなければならなかった。そのため、学者や商人といったエリート家族出身者がカーディーとなるのはごく当然のこととみなされた。実際、ほとんどのカーディーが兄弟、父親、または教師からその職を引き継いだ。一五世紀から五〇〇年以上の間に都市のカーディーとなった者たちの大多数が、わずか六つの家族から輩出されていた[19]。

家族を基盤に展開された統治と学びのこのシステムがもたらした、特に興味深い長期的な影響は、驚くほど長きにわたって家族が歴史的連続性を確立させたことである。中世の学者と裁判官の子孫たちは、今日になってもなお、蔵書と過去の記録を保管し続けている。例えばトンブクトゥ在住の学者イズマエル・ハイダラは、二〇〇五年にジャーナリストからインタビューを受けた際、自分の祖先の一人で学者であったムハンマド・カティについて詳しく語ることができた。カティの父親は一四〇〇年代にスペインから追放されたのち、トンブクトゥにやって来た人物で、母親は当時のソンガイ王アスキア・ムハンマドの姉妹であった。ハイダラの先祖たちは、文書の余白にメモを残していたため、家族の過去に関する記録、皇族一族の出生と死亡、皇帝の書簡の草稿、貿易の記録などが家族の蔵書とともに伝えられた[20]。二〇〇七年に、ハイダラは『ニューヨーク・タイムズ』の記者に、スペインの家系とソンガイの家系からなる家族の歴史が記された革製の文書袋を見せた。彼は記者に「これは私たち家族の歴史です……一五一九年に書かれたものです」と述べた[21]。

トンブクトゥの家族生活が、多くの点で特異であったことは間違いない。しかしほぼ同時期に世界の他の地域でも、都市貴族たちの間で似たような特徴が見られた。西アフリカで、トンブクトゥの有力者たちによってこの都市が黄金期を迎えていたほぼ同じころ、例えば、神聖ローマ帝国北部では、リューベックやハンブルクといった港湾都市が、商人エリートたちの手によって繁栄していた。トンブクトゥと同じようにここでも、少数の有力家族が貿易を行い、都市行政を担った。彼らはまた、家族の歴史を、家族伝来の聖書に並べて、あるいはそれに綴じこんで書き留めていた。学びの場は家族からかなり離れた機関、すなわち大学に集中するようになったとはいえ、彼らは芸術と学問の庇護者でもあった。周囲の君主政の諸国とは対照的に、都市民という地位は生まれによって、唯一かつ永遠なものに決まっていたわけではなかった。寡頭政あるいは支配エリート家族の一角をしめる家族は、家族の盛衰に伴って入れ替わることもあった。寡頭政の顔ぶれは、新興の家族を取り込むことで定期的に刷新された。家族間には明確な区別があったが、どの家族がどの社会的ヒエラルキーに属しているかは、わずか数世代の間に変化し得たのである。

＊　＊　＊

考古学者や歴史家は、古代世界における国家を形成する社会の出現が、人類史上重要な転換点となったと主張している。我々は古代文明およびその都市と、大規模工事や複雑な行政機構とを関連づけて捉えているが、国家組織はこれらを可能にする富と資源を蓄積した。しかし人間社会のそれ以前の形態がそうであったように、権力関係と家族関係は密接に結びついていた。あらゆる形態の古代国家が家族関係に依存していた。王朝という仕組みは、他の家族を抑えて一つの家族の血統を引き上げた。権勢を誇る王朝は、権力と富を劇的に集中させることができたが、それによって、寺院や記念碑を建設するための基盤が確保された。ただそれは、しばしば圧政によるものであったし、また、世界の境界線を引き、さらに引き直すという帝国的な野心の実現のためでもあった。

それより地味な統治が少数エリート家族によって行われていた都市国家や都市同盟においては、トンブクトゥの有名なモスクやハンブルクの市庁舎の建設のような、より小規模な事業が行われた。彼らは、本拠地と外の世界を結ぶ交易ネットワークに従って世界とつながっていたが、それは、親族の紐帯に依存したものであった。この家族と統治とのつながりは、一五世紀に始まったグローバルな関係を強化するとともに、世界の歴史的発展にも影響を及ぼすことになる。

注

(1) Lerner, *The Creation of Patriarchy,* pp. 66-67.〔ゲルダ・ラーナー著、奥田暁子訳『男性支配の起源と歴史』三一書房、一九九六年、八七頁〕

(2) Lerner, pp. 56-57.〔ラーナー『男性支配の起源と歴史』七三〜七四頁〕

(3) Lerner, p. 108.〔ラーナー『男性支配の起源と歴史』一五〇頁〕

(4) Herodotus, *The Histories. Second Book: An Account of Egypt,* translated by G. C. Macaulay, http://www.gutenberg.org/files/2131/2131-h/2131-h.htm（二〇一一年九月二七日閲覧）.〔ヘロドトス著、松平千秋訳『歴史　上』岩波文庫、一九七一年、二一〇〜二一一頁〕

(5) Watterson, *Women in Ancient Egypt,* pp. 24-25.

(6) Watterson, p. 31.

(7) Watterson, pp. 30-31.

(8) Lana Troy, "She for Whom All is Said and Done: The Ancient Egyptian Queen," in *Ancient Queens: Archaeological Explorations,* edited by Sarah Milledge Nelson (Lanham, MD: Altamira Press, 2003), pp. 93-116.

(9) J. Katherine Josserand, "Women in Classic Maya Hieroglyphic Texts," in *Ancient Maya Women,* edited by Traci Ardren (Walnut Creek, CA: Altamira Press, 2002), pp. 121-122.

(10) Karen Olsen Bruhns, "Yesterday the Queen Wore … An Analysis of Women and Costume in the Public Art of the Late Classic Maya," in *The Role of Gender in Precolumbian Art and Architecture,* edited by Virginia E. Miller (Lanham, MD: University Press of America, 1988), pp. 111, 134.

(11) Sarah B. Pomeroy, *Goddesses, Whores, Wives, and Slaves* (New York: Schocken Books, 1995), p. 57.

（12） Pomeroy, p. 65.〔アイスキュロス著、橋本隆夫訳「エウメニデス」『ギリシア悲劇全集一』岩波書店、一九九〇年、二四一頁〕

（13） Gerald R. Hawting, *The First Dynasty of Islam: The Umayyad Caliphate AD 661–750*（London: Psychology Press, 2000）, p. 13.

（14） Elias N. Saad, *Social History of Timbuktu: The Role of Muslim Scholars and Notables, 1400–1900*（Cambridge: Cambridge University Press, 1983）, p. 27.

（15） Leo Africanus, "The Description of Africa," African-American Heritage and Ethnography, http://www.nps.gov/history/ethnography/aah/aaheritage/histContexts_pop1.htm（二〇一一年一〇月四日閲覧）. Leo Africanus の書き記した史料を読む場合は、このサイトの Training and Education→Distance Learning→African-American Heritage and Ethnography→contexts→4.Module I-African Nation Founders 1500–1799→Historical Contexts→Medieval African Empires 記事内の最後の行の「Timbuktu」をクリックすると該当の史料が閲覧可能。

（16） Saad, p. 89.

（17） Saad, pp. 69–70.

（18） Saad, p. 79.

（19） Saad, p. 236.

（20） Joan Baxter, "The Treasures of Timbuktu," *The Star*（Timbuktu, Mali）, December 18, 2005. http://www.joanbaxter.ca/wp-content/uploads/2016/04/2005-12-08-Treasures-of-Timbuktu.pdf.

（21） Lydia Polgreen, "Timbuktu Hopes Ancient Texts Spark a Revival," *New York Times*, August 7, 2007. https://www.nytimes.com/2007/08/07/world/africa/07mali.html.

訳注

〔1〕　最上部に月神を祀る神殿を持つピラミッド型の宗教建築。

〔2〕『ハムラビ法典』の二八二法規のうち、七三が結婚と性問題に関する規定であった。しかも内容は女性に対する規制が厳しいものだった。男性の社会的地位は本人の経済状態によって決まったが、女性の社会的地位は性的関係によって決まるという原則があったことが指摘されており、家族にとって娘を持つ最大の価値は、彼女たちが花嫁になることであった。結婚は性交によって完了するものとされた。詳しくは注(1)の翻訳書の一三七～一六五頁を参照。

〔3〕　この理論は、長きにわたってエジプト研究者たちに共有されていたが、現在はくつがえされている。最近の先行研究では、古代エジプトが男性主体の官僚制によって統治され、官僚としての職は父から息子へと引き継がれる家父長制社会であったとする説が有力である。その一方で、第一八王朝や第二五王朝、プトレマイオス朝など一時期に限定されたものではあるものの、母系社会とみられる王朝があったことが指摘されている。

〔4〕　マヤ文化圏西部のメキシコ北部に位置する古代都市。碑銘の神殿と呼ばれるピラミッドがあり、パカル王の墳墓が発見された。

第4章　近世の家族——一四〇〇～一七五〇年

◆旧世界と新世界の遭遇

一五二六年、メキシコで最初のキリスト教式結婚式が執り行われた。テスココのアステカ王の兄弟ドン・エルナンドと彼の側近七名が、キリスト教式結婚式で妻を娶ったのである。代父母を務めたのは、スペイン人征服者コルテスの軍に属し、妻を伴ってきていた二名、アロンソ・デ・アビラおよびペドロ・サンチェス・ファルファンとそれぞれの妻であった(1)。ファルファンの妻はマリア・エストラーダとみられており、コルテス軍とともに新世界にやって来たただ一人の女性だった。一方、アビラの妻はおそらくアステカ族の女性であった。フランシスコ修道会の会士である司祭ディエゴ・ドゥランが数十年後に書いたところによれば、新しい結婚式は、簡単には古い儀式に取って代わりはしなかった。すなわち「聖餐式が要求する厳粛さと礼式に則って、私が複数の若い男女の結婚式を執り行ったのち、彼らは教会を出た後、老人たちの家に連れていかれ、古来の儀式と典礼に則って再び結婚式をあげた(2)」。

この事例のように家族の儀礼を調整し、作り直す動きは、大西洋を横断する一連の航海によって、アメリカ大陸という「新世界」と「旧世界（ヨーロッパ、アジア、アフリカ）」との接触がなされ始めた一五〇〇年ごろから頻繁に行われるようになった。地球上のあらゆる場所がすぐに相互に関係を築くようになったが、グローバルな家族史という視点から見ると、この相互関係は、〔無関係な者同士の出会いではなく〕ある種の再会と捉えることができる。もちろん、それは、通常の家族の再会よりもさらに劇的で、対立的で、扱いにくいものであった。人類は、アフリカに出現したのち、地球全体に広がった。しかしながら、その後、東半球と西半球に住む人類は、約一万五〇〇〇年以上にわたって、事実上、お互いを切り離した。一四九二年のクリストファー・コロンブスを皮切りに、ヨーロッパの冒険者たちが航海の旅に出るようになってからは、何千年もの間、別々に暮らしていた人々が、新たな関係を築くこととなったのである。近世に起こったこれらの遭遇は、人間とは何かについての新しい疑問を生じさせた。性的関係、ジェンダー・アイデンティティ、家族生活は、これらの遭遇を方向づけるとともに、異文化間の観察と対立の焦点ともなった。

一五世紀末に大西洋を横断する航海が始まる以前から、アジア、ヨーロッパ、アフリカの旧世界の様々な文化圏は、交易と旅行によって古くからつながりを有していた。そのため当然のことながら、家族生活に様々な形態があることに気づいていた人たちもいた。例えば、一四世紀のムスリムの知識人であるイブン・バットゥータはメッカに巡礼するために出生地であるタンジェ〔現在のモロッコ北部の都市〕を後にした。彼はのちに、この旅と、さらにその後、地中海沿岸や西アフリカなどをめぐった旅で訪れた場所について書き残している。イブン・バットゥータの観察記録には、彼が目にしたものを比較する際の基礎的な考え方や予想だけではなく、遭遇した家族の様子も記載されていた。例えば彼は、トルコを訪れたときのことを次のように述べている。「私がこの地で目の当たりにした驚嘆すべき事柄は、トルコ人の間では女性たちが特別に敬意を払われていることであった。つまり、女性は男性よりも栄誉ある地位にいるのである……私がキラムを出発した際、ハートゥーン、つまりアミール＝サルティーヤ［王子］の奥方を見た時のことであった……人々がキミッズ［凝乳］を容れた皮袋を持ってくると、彼女はそれを椀に注いだ。それから彼女はアミールの前に両膝を崩すように座り、その椀を差し出すと、彼は飲んだ。次に彼女は彼の兄〈義兄〉に酌をし、彼女にはアミールが酌をした。料理が出されると、彼女はアミールと一緒に食べた[3]」。夫と妻の互恵関係と彼らの相対的な平等性は、明らかにイブン・バットゥータの目には珍しいものと映った。

西アフリカのワラタで目撃した家族とジェンダー関係は、イブン・バットゥータにとって、自分の祖国だけではなく他のどんな場所でもほぼ見ることのない、独特のものであった。「そもそもこの地の男たちには自尊心といったものが全くない。つまり、彼らの誰一人として〈名前をつける場合、〉自分の父親の名前を付ける者はなく、自分の母方の叔父の名前を付ける。しかも遺産を相続する場合、男の側には一切〈相続権は〉なく、男の息子の代わりにその男の姉の息子たちだけに与えられる。このような例は、私自身の経験では、世界中でムライバール地方のインド人に属する異教徒の間にしか見られないものである。しかし、これら〈マッスーファ〉の人々の場合、〈インドの異教徒と違ってイスラム教の〉礼拝〈義務〉をきちっと守り、イスラーム法学を理解し、『クルアーン』を暗誦している〈正真正銘の〉イスラーム教徒たちなのである。一方、彼らの女たちについていうと、彼らは〈イスラーム教の〉礼拝をきちっと守り続けているにもかかわらず、男の前でも羞恥心がなく、〈顔に〉覆い布をしない」(4)。

ほとんどの人々はイブン・バットゥータのような旅人ではなかったし、彼の書き残したものは、印刷機の時代が到来する前は限られた範囲にしか流通しなかった。彼の著作が広く知られるようになったのは、彼の記録が発見され複数の言語に翻訳された一八世紀以降であった。彼の時代には大部分の人々が限られた文化圏の中で暮らしており、その地の家族に関する決まりごとが、当たり前で普遍なものであるかのように捉えられた。この状況は、一五世紀初頭に始まった長距離海上移動が活発に行われるようになると変化した。旅は、実際に旅行した者だけに出会いをもたらしたのではない。新しい交易商品を購入した者や旅行記を読んだ者、または一五世紀後半に広く流通した新しいメディア、すなわちヨーロッパの新しい印刷機が大量に作り出した画像の印刷物や書物を通じて、異国情緒溢れる場所や人々の姿を知った者に、新しい世界への気づきをもたらした。

コロンブスは、一四九三年にスペイン国王夫妻宛の書簡の中で、「インド」への旅の様子を書き、スペイン帝国の名の下に、彼がエスパニョーラ島と名づけた島（現在のハイチとドミニカ共和国）を所有したことを伝えた。彼はそこに住んでいた人々や地域について簡潔に説明し、「この島をはじめ、私が見つけたり、私が兼ねてから聞いていた島々の人間は、男も女も……すべてみな裸で歩いています。もっとも女達の中には草葉や、自分達で作った木製の網のようなもので、一ヶ所だけを覆っている者もおります」と記している。「私が学んだ限りにおいて」とコロンブスは続けて、「これらの島々の男性は、皆それぞれ一人の女で満足しているようでありますが、首長すなわち王には、二十人ほどの女が与えられており、女達は男よりもよく働くようであります」と書き残している。(5)

◆征服の手段としての家族政策

征服や植民地化を背景に起こったこのような遭遇は、現地の家族生活への激しい介入を招いた。征服者たちは被征服者の習慣をそのまま容認する場合もあったかもしれないが、それはまれなことであった。より頻繁に起こったのは、彼らが自らの権力を使って地元の習慣を曲げようとすること、あるいは彼ら自身の規則を被征服者の人々に押しつけようとすることであった。家族間の結びつきは、植民地権力の浸透を助けることも、逆に植民地支配への抵抗を広げる可能性もあった。そのため帝国の支配者が、家族のあり方をどのように規定するかを帝国支配の課題と捉えて、これに取り組むことは重要なことであった。

この点に関する前例は、旧世界の帝国、例えば中央アジアに起源を持つトルコ系の人々が西方に勢力を拡大させて建国したオスマン帝国にみられた。近世におけるオスマン帝国のめざましい拡大の大部分は、一三世紀後半から一九世紀初頭まで存続した、イェニチェリと呼ばれた新しい形態の軍事・行政エリートに依存していた。イェニチェリ軍団の団員は、オスマン帝国のスルタンの支配下に置かれたキリスト教徒の若い男性捕虜から徴集された。そうした少年たちは、通常イスラーム教に改宗させられ、スルタン直属のエリート奴隷となり、一部は宮廷で教育を受けた。さらに彼らは、結婚することや駐屯先・着任先の住民と密接な関係を築くことを禁じられた。彼らは多くの点で非常に快適な生活を享受しており、自らの働きに対して十分な報酬が与えられ、帝国の要職を担う者も現れた。しかしながら、彼らは家族を持つことはできなかった。

イェニチェリ制度は、オスマン国家とスルタンにのみ忠誠心を持つ帝国エリートを育成するための重要な戦略であった。地元のエリート家族を行政官僚に引き入れようとすると、地元の親族関係や部族間の同盟関係および家族への忠誠心が支配者との間に軋轢を生み出しかねなかったが、この制度によってスルタンはそうしたものを回避することができた。目的が、帝国の絆と対立する可能性のある家族の絆の形成を阻止することであったので、イェニチェリは「反家族」の統治戦略の好例であったといえよう。とはいえ、このスルタンによる解決策は、帝国建設という目標を達成するために、どのような家族政策をとるべきかという課題に対する唯一の方法ではなかった。

他の王朝は、征服の手段として家族をめぐって異なる戦略を用いた。ムガル帝国は、一六世紀初頭にバーブル皇帝のもとでインド征服を開始したが、彼らの統治戦略の一部として、地元の慣習や慣行を容認する方針を採用した。ムガル朝は、輝かしい祖先の血を引いていた。バーブルの父方は、一四世紀の支配者ティムールの直系であり、母方は偉大なモンゴル帝国のチンギス・ハーンの家系であった。ムガル帝国は、ヒンドゥー教が多数派を占めるインドにイスラーム教をもたらした。結婚は、ムガル帝国の歴代の皇帝やエリートたちが、支配下に置いた人々との同盟関係を作り出す第一の方法であった。

皇帝アクバルは、一五五六年から一六〇五年までその地位にあったが、彼は地元の有力者と同盟関係を築く方法として、結婚と巨大なハーレムを利用した。彼のハーレムには三〇〇〇人から五〇〇〇人の女性たちがいたと推計されている。彼が巨大なハーレムを形成した目的には、彼の地位と性的能力を示すことも含まれていた。しかしハーレムには、そのほかにも特別な政治上の目的があった。アクバルは、そのほとんどがヒンドゥー教徒であった地元の名士家族と同盟関係を築くために、結婚という手段を用いた。一六世紀に廷臣アブル・ファズルが、アクバルの治世を讃えるためにアクバルの言葉を書き留めたとされる『アクバル会典（*Ain i Akbari*）』には、アクバルの結婚の目的が次のように記されている。「皇帝陛下は、ヒンドゥスターン〔一五～一六世紀に北インドで栄えた王国〕の王女や他国の王女との婚姻によって同盟関係を結びました。そしてこの調和的なつながりが世界平和を維持しているのです[(6)]」。アクバルが結んだ多くの婚姻は、巨大で多様な人々が暮らす帝国中に、彼の権力を示す役割を果たし、権力を統合した。ムガル帝国のハーレムにいる非ムスリムの女性たちが、イスラーム教に改宗するよう強いられたという証拠は皆無である。彼女たちの息子はムガル皇帝の王子として育てられた。すなわち彼らはイスラーム教徒となった。しかし彼女たち自身は信仰していた宗教を信じ続けることを許された。そしてまた、ムガル皇帝が、一般の帝国民を改宗させることに関心を示していたという証拠も多くない。歴代の皇帝の帝国に対する考え方は、彼ら自身の家族を反映したも

サリム王子の誕生

サリム王子は，ムガル帝国の皇帝アクバルとヒンドゥー教を信仰する妻の一人，ジョーダー・バーイーとの間に生まれた息子であった。母親は男性たちが外で待つ間，一人の側近女性の世話を受けていた。サリム王子は1605年にジャハーンギール皇帝としてムガル帝国の王位を継いだ（Museum of Fine Arts, Boston; Bishandas, Indian, active about 1590-1650, *Birth of a Prince*（detail), Indian, Mughal, Mughal period, about 1620, Object Place: Northern India, Opaque watercolor and on paper, 10 3/8×6 1/2 in., Museum of Fine Arts, Boston, Francis Bartlett Donation of 1912 and Picture Fund, 14.657/*The Family,* p. 53)。

のであり、宗教の多様性を認めるものであった(7)。

対照的に、新世界においてスペインがメキシコを征服する際には、先住民家族の慣習を、カトリック信仰とスペイン人の家族習慣に置き換えていくという極めて野心的な試みが断行された。近世ヨーロッパによる海洋進出と植民地獲得は、一五世紀後半からポルトガルとスペインによって主導された。新世界での帝国建設に先立って、スペイン本国で政治体制と王朝の強化が行われたのは偶然ではない。スペインはフェルナンド王とイサベル女王の共同統治のもとに統一された。二人はスペイン内のそれぞれの王位と領土を継承したが、彼らの結婚によって、両者の領土を合わせたスペイン王国が誕生した。この政治的統合は、ヨーロッパの多くの地域で優勢であった世襲による支配という観念を反映していた。

ハプスブルク家は、一六世紀になってフェルナンドとイサベルの跡を継ぎ、スペインとヨーロッパの多くの地域、そしてメキシコを統治することになったが、これらに対する統治権は、入念な結婚・相続戦略に基づいて確立された。それはまた、カトリック教会の支配の強化と、財産、権力、および信仰を受け継ぐ「血筋」を特に強調することで成り立っていた。人々は一五世紀後半から海への冒険の旅に出るようになったが、これらは経済的な理由だけではなく、政治や宗教上の重要性から行われた。コロンブスは彼の航海日誌の冒頭で次のように明確に言及している。

一四九二年のこの年、ヨーロッパを兼ねてから支配していたモーロ〔1〕との戦を両陛下が終熄させられ

て……両陛下は、カトリック教徒として、また聖なる教えを崇信し、これを広めたもう君主として
さらにまたマホメットの教えや、全ての偶像崇拝や、邪教の敵として、この私、クリストーバル・
コロン〔コロンブス〕を、インディアの先に述べた地方へ派せられ、彼の地の君主や、人民や、さ
らにその土地……彼らを聖なる教えに帰依させることができるような方途を探究するようにと命ぜ
られた(8)。

改宗のプロセスは、平和的に行われることもあるが、そうならない場合もある。スペインによるメキシコ征服は、先住民のキリスト教への改宗も伴った。このことは、家族生活にも重要な変化をもたらした。とはいえ、先住民の慣習が変容した形で残存したので、宗教と家族生活における変化は、不均一で不完全なものとなった。

メキシコをスペインの支配下に置き、キリスト教をメキシコに伝えるという試みは、キリスト教徒になることはどういう意味を持つのかという問いが、まさにこの時代のヨーロッパにおいて壮大な論点となっていたという事実によって複雑化した。キリスト教徒としての具体的なあり方が植民地化を通じてヨーロッパの外に伝えられたが、このことによって、帝国の家族政策は、ヨーロッパの宗教論争の影響を受けることとなった。スペインがメキシコを植民地化していたちょうどそのころ、宗教改革がヨーロッパにおける宗教の状況を一変させていたのである。

◆宗教改革および対抗宗教改革と結婚

一五一七年に、ドイツ人修道士マルティン・ルターがローマ・カトリック教会に対する批判を公に行ったことから始まった宗教改革によって、中欧や北欧でカトリック教会からの離反が相次ぎ、代わって、プロテスタントと総称される諸教会が設立された。ルターが掲げた批判の根拠やカトリック教会からの離脱の理由は複合的なものであったが、しかし彼の議論の中核は、教会が『新約聖書』と『旧約聖書』で具体化されている神の意思から外れてしまっているという点であった。すなわち改革の目的は、キリスト教徒を聖書に立ち返らせることであった。彼の思想における家族やセクシュアリティをめぐる問題は、一般的に考えられているよりも重要な論点であった。一五三二年に、ルターが改革の主要な目標をまとめた際、結婚はその焦点の一つであった。「主なる神は、最後の日を迎える前にもう一度、三つのことを正しい姿にすることを望まれた。それは神の言葉への奉仕、政治、結婚であった[9]」。

ルターが改革者としての歩みを始めた数年後、一五二二年に、ルターはその他の改革と同様に、後に婚姻法に対するルター派の改革の基礎を築くことになる結婚に関する説教を聖書の解釈に基づいて行った。

『創世記』の第一章二七節に注目する。「神は人を創造された……男と女に創造された」。この言葉から、私たちは神が人間を二つの種類、すなわち男性と女性に分けたと考えることができるだろう……したがって、我々の誰もが、神が我々をお創りになったところの体を持っているということになる。私は自分を女にすることはできないし、あなた方はあなた自身を男にすることはできない……男は、女自身や女の体を軽蔑したり、侮辱したりしてはならず、また女は男を侮辱してはいけない……さらには、神が男と女を創造された後、神は彼らを祝福し、次のように言った。「産めよ、増えよ」〔『創世記』第一章二八節〕。この言葉から、男と女が共に「増えよ」という定めに従うべきだし、従わなければならないことは確かだ……なぜなら、どんな状況であっても、男には女がいて、女には男がいるということは、自己選択や決断の自由に属する問題ではなく、自然で必要なことなのである。(10)

ルターにとって、結婚は神が人間の性衝動を表出させるために作り出した制度であった。〔2〕そして婚姻外での性的関係は許されるものではなかった。

ルターは、結婚よりも独身をキリスト教徒としての理想の状態として重んじるカトリック教会の考えに異議を唱えた。ルター派の改革者たちは、全ての人が結婚すべきだと信じていた。ルターは女性の「自然な」性的欲求が母性と分かち難く結びついていると主張した。逆に言えば、彼は結婚にも母親になることにも興味がない女性を、不自然だと考えていた。彼と彼の信奉者は、男性であれ女性であれ、婚姻外の性行為を糾弾した。そして彼らは、聖職者は独身でなければならないとするカトリッ

Ein Tisch zucht.

Hör Mensch so du zu tisch wilt gon
Dein hend solt du gewaschen hon
Lang negel zymen auch nit wol
Die man heymlich abschneiden sol
Am tisch setz dich nit oben an
Der haußvatter wöls dan selber hon
Der Benedeyung nit vergiß
Inn Gottes nam heb an vnd iß
Den Eldisten anfahen laß
Darnach iß züchtiglicher maß
Nit schnaude oder sewisch schmatz
Nit vngestümb nach dem Brot platz
Das du keyn gschirr vmbstossen thust
Das brot schneid nit an deiner prust
Das geschnitten Brot oder weck
Mit deinen henden nit verdeck
Vnd prock nit mit den zenen eyn
Vnd greyff auch für dein orth aleyn
Thů nit in der schüssel vmb stüren
Darob halten will nit gepüren
Den Löffel nim̃ auch nit zu fol
Wan du draiffest es stet nit wol
Greyff auch nach keyner speise meer
Biß dir deyn mundt sey worden leer
Red nit mit follem mund sey messig

Sey in der schüssel nit gefressig
Der aller letzt dunn ob dem tisch
Zerschneid das fleysch vnd prich die fisch
Vnd kewe mit verschlossem mund
Schlag nit die züg auß gleich eim hund
So du ist thu nit geitzig schlincken
Vnd wisch den mund so du wilt trincken
Das du nit schmaltzig machst den wein
Trinck sülich vnd hust nit dar ein
Thu auch nit gröltzen oder kreisten
Schilt dich auch nit vnd sey am weisten
Setz hübschlich vngeschütet nider
Bring keim andren zu trincken wider
Füll keyn glaß mit dem andren nicht
Würff auch auff niemant dein gesicht
Als ob du merckest auff sein essen
Wer neben dir am tisch ist gsessen
Den yrre nit mit dem elbogen
Sitz auffgerichtet fein geschmogen
Ruck nit hin vnd her auff der penck
Das du nit machest ein gestenck
Dein füß las vnderm tisch nit gamppern
Dar zu hüt dich vor allen schamppern
Wortten/nachreden/gespöt vnd lachen
Sey erbarlich in allen sachen

Zu pulerey laß dich nit mercken
Thů auch niemant auff hader stercken
Gezenck am tisch gar übel stat
Sag nichts darob man grawen hat
Vnd thů dich auch am tisch nit schneutz
Das andre nit vor dir thon scheutzen
Gee nit vmbzausen in der nasen
Deß zansturen solt du dich massen
Im kopff solt du dich auch nit krawen
Der gleich sollen junckfraw vnd frawen
Nach keynem floch hinunder vischen
Anß tischtuch soll sich nimant wischen
Auch leg den kopff nit in die hent
Leyn dich nit hinden an die wendt
Biß das mal hat seinen auß ganck
Dan sag Gott heymlich lob vnd danck
Der dir dein speise hat beschert
Auß vetterlicher hant ernert
Darnach solt du vom tisch auffsten
Dein hent waschen vnd wider geen
An dein gewerb vnd arbeyt schwer
So spricht Hās Sachs Schuchmach(er.

Gedruckt zu Nürnberg durch
hanns Wandereisen.

ダイニング・テーブルに集った家族

「テーブル・マナー」と題され，ハンス・ザックスの詩を添えて，1534年にドイツで出版された。家族は皿やカトラリーを使い，召使いが食べ物や飲み物を運んでいる。ここに添えられた詩と絵は，敬虔で秩序ある家族生活という新しい理想を流布するためのものであり，ルター派の宗教改革の考え方に則って練り上げられたものであった（pbk, Berlin/Kupferstichkabinett, Staatliche Museen/Photo by Joerg P. Anders/Art Resource, NY/*The Family,* p. 56）。

クの慣習を攻撃し、プロテスタントの牧師が結婚することを奨励した。

ルターによると、「司祭、修道士、修道女は、産めよ、増えよという神の定めが彼らの内部に強力かつ激しく湧き上がった時は常に、貞潔の誓願を破ることになる……〔この定めに〕従わないと思っていても、彼らは貞潔ではいられずに、必然的に秘密の罪や淫行で彼ら自身を貶めることになるとあなたは分かっているでしょう」。こうした思想によって実際に直接的な影響を受けるもう一つの問題があった。すなわち、結婚には親の承諾が必要であったことである。ルター派は、宗教改革以前の秘跡としての結婚という考え方を批判し、男性と女性は、結婚の誓約を自由に交わすことができ、その誓約を交わせば結婚できるとした。彼らは結婚を家族や当局によって規定された社会的地位とみなしていたので、教会で公開結婚式を執り行うことが必要だと考えていた。

しかし、変化はプロテスタント地域だけにとどまらなかった。カトリックでい続けることを選択したキリスト教徒や、支配者が国教としてローマ・カトリック教会を保持することを決めたところでも、プロテスタントと同様に、支配者たちは道徳改革を行い、家庭生活をより厳しく管理しなければならないという強い圧力を感じていた。一五四五年から一五六三年の間に開催されたトリエント公会議は、カトリックの信仰生活に関する多くの議題を審議した。その決議は、ヨーロッパのみならず、カトリックのヨーロッパ諸国によって植民地化された地域や、カトリック改革を受けて活発化したキリスト教宣教団が活動した世界各地で、カトリック信徒の家族生活に影響を及ぼした。

トリエント公会議で決議された重要な議題の一つは結婚であった。新しいプロテスタントの見解とは対照的に、カトリック教会は、修道士や修道女が実践している独身生活のほうが、結婚生活よりも高い価値を持つとみなし続けた。しかし、宗教改革の論拠の一つであった道徳的欺瞞を是正し、防止するために、司祭、修道士、修道女に課せられる規律は厳格化された。女性にとって特に重要だったのは、全ての女子修道会が男性の権限下に置かれ、修道女になることを選んだキリスト教徒の女性たちの生活が、新しい方法で抑制されることになったことである。女子修道会は世間との関わりを断ち切られた。つまり、世俗的な世界と日常的に直接、接触することを禁じられたのである。

カトリック教会はまた、結婚するにあたって、教区教会で公示を行い、記録することと司祭の立ち合いを必要とすることを求めることで、婚姻の秘跡に対する統制を強めた。しかしカトリック教会は同時に、キリスト教徒の秘跡なのだから、結婚が彼や彼女の意思に反して誰かに強いられるものであってはならないという古くからの規定を改めて確認した。もちろん、この規定には、誰と誰を結婚させるかという点に関して、子どもたちに行使する親の力よりも教会の権力を上位に置こうとする意図があった。教会裁判所は結婚についての決定に関して、たいていが親と子どもの間で繰り広げられた家族間の争いを裁定する権限を主張した。実際には、このことによって若者が望まない結婚を強いられた際に、教会裁判所に駆け込むことが可能となった。例えば、一五五六年に、ボローニャのカトリック教会の結婚裁判所は、当時一三歳であったディアマンテ・ナンニが、一二歳年上のアレッサンドロ・トッティとの婚約を特別に破棄することを認めた。裁判所の調査によれば、彼らの婚約は、両家族間の対立を終わらせるのに失敗したために、ディアマンテとアレッサンドロの父親同士で交わされたもので、そのとき、ディアマンテはわずか八歳であった。ディアマンテ自身の証言が、審議の際に重要な役割を果たした。彼女は婚約に同意していないことを裁判所で明らかにし、「指輪が渡されるまで、この婚約について何も知りませんでした」と述べた。さらに、彼女は裁判所で、婚約後に二回、結婚から逃れられなくするために初夜を決行しようとするアレッサンドロの行動に抵抗したことも証言した。[11]

メキシコにもたらされたカトリシズムは、トリエント公会議を通じて展開されたカトリック教会の対抗宗教改革〔宗教改革に対抗してカトリック内で行われた改革〕後のカトリシズムであった。スペイン本国の支配もそうだったように、メキシコの征服も、カトリック教会とスペイン国家の共同作業であった。教会と国家はどちらも、結婚と家族を管理する新しい規則をメキシコに持ち込もうとしていた。もちろん、スペイン王国とカトリックによる政治的、文化的征服が比較的容易に遂行され得たのは、スペイン人が先住民にもたらした人口学的な大惨事があったからである。ヌエバ・エスパーニャ副王領と名づけられることになる地域の人口は、征服前にはおそらく一〇〇〇万人から一二〇〇万人であったと考えられているが、一七世紀初頭には、七五万人にまで激減した。[12]死亡の一部は戦争によるものであったが、その主な原因は、先住民が免疫のない新しい病気によって命を落としたことであった。

この惨事の後、スペイン人は新しい統治と家族のシステムを同時に先住民に課した。メキシコに導入された結婚に関する規則は、宗教改革の嵐が吹き荒れる中で、ヨーロッパのカトリック教会が定めたものであり、これがある程度の成功を収めた。征服前、先住民の結婚形態にはかなりの多様性があった。一般的にはいとこ同士の結婚はよくあることであり、男性が複数の妻を持つこともまれではなかった。男性の地位は、しばしば妻の人数に現れていた。例えば、一五〇二年から一五二〇年までアステカの王位に就いていたモクテスマ二世は、二人の正式な妻に加えて、数百人の妾を抱えていたと言われている。スペイン植民地の支配者たちは、一六世紀には早くもカトリック教会とスペイン本国の法律に基づいてメキシコで法律を制定した。例えば、教会は親等（つまり、血縁関係）についてのキリスト教の規則を適用したが、その規則にはいとこ同士の結婚が禁止されていた。より重要なことは、教会が内縁関係や一夫多妻制を排除しようとしたことであった。これらの法規定は家族の道徳性に関するキリスト教会の見解を反映していた。

メキシコの教会と植民地政府は、ヌエバ・エスパーニャ副王領の人口全体をカトリック教徒に改宗させることに関して、少なくとも形の上では大成功を収めたとはいえ、婚姻慣行の変化が広く浸透したのは、地方よりも都市の富裕層であったと考えられる。一六世紀から一七世紀にかけて、ヌエバ・エスパーニャ副王領へとやってきた何千人ものスペイン人の大多数が男性であった。これらの男性の一部は、富裕層出身の女性と結婚することで、土地やその他の財産を得た。こうした混合婚によって生まれた家族は、通常、スペインの慣行に倣って行動する政治的・経済的エリートとなった。クエルナバカ〔メキシコのモレロス州にある都市〕のイノホサ家は、先住民とのネットワークを維持することで彼らの社会における影響力を保持しつつ、スペイン人との結婚を通じて、政治的、経済的な優位性を確保し、拡大することができた[13]。

異なる文化を持つ者同士の結婚の複雑さは、ドン・アントニオ・イノホサの事例から見て取れる。ドン（don）という敬称は、スペイン人であることを示している。さらにドン・アントニオは、「トラトアニ〔現地エリート〕の息子」とも言われていた。一六五六年、彼はドニャ・フェリペ・デ・アロ・ブラボー・イ・サン・ロマンと結婚した。名前からわかる通り、彼女の父親はスペイン人であり、彼女の母親は現地エリートに属していた。彼らの子どもたちは、『スペイン人台帳』の中に記録された。(14)

公式には、教会によって正当と認められた一夫一婦制が、以前の慣習に取って代わった。しかしながら、一般の人々の間や田舎では、（結婚以外ではカトリックの教えに従っていた人々でさえ）男女がしばしば事実婚の形で暮らしていた。こうした結びつきは、教会からは婚姻関係と認められていなかったが、キリスト教化以前からの結婚形態であり、花婿が花嫁の家族のために労働するという慣例、すなわち花嫁代償を長期にわたって行いながら一緒に暮らすこともあった。これらの点を踏まえると、新しい家族システムは一六世紀末やその後において、完全に確立されたとはいえなかったが、植民地支配において統治戦略としての家族は極めて重要であったことは明らかであった。

◆新たな分類項目「人種」の登場

近世の植民地支配において、それまでとは異なる家族形成のあり方が植民地にもたらされたが、しばしば両者は対立した。家族関係には政治的な権力関係を反映し、かつこれを強化するという象徴的な力が存在したが、多くのことがこの力によって危うくなった。その中には、道徳や宗教上の営みをどのように理解するかということから、社会的地位や財産と権力を正しく引き継ぐことをめぐる解釈などが含まれていた。しかし「初遭遇」が起こった近世世界で危機に瀕したのはこれだけではなかった。人々を分類するための基本的な考え方もまた、問われることになった。異なるシステムにまたがる混合婚や他の性的結びつきが、古くからの分類システムに疑念を抱かせたのである。

現在、固有の分類項目として存在している人種という観念の歴史的なルーツは、複雑かつ奥深いものである。ヨーロッパにおける人種についての科学的理解は、一九世紀まで十分に発展しているとはいえないものであった。もちろん、人種という観念がどのように形成されたかの説明として、新世界でのプランテーション経済の確立に伴って、アフリカ人奴隷貿易が活発化し、これによって人種間の差異が強化されるという事態が生じたことを述べることはできる。しかし人種というカテゴリーが作られていく歴史的展開により大きな影響を与えたのは、植民地への入植者と現地の人々との結婚や他の性的結びつき、さらにはこれらの関係から生まれた子孫の存在であった。

大西洋を横断する航海が始まったころのヨーロッパ人は、遭遇した人々を多様な方法で分類し記録した。旅行者の中には、単純に、神話やそれまでの旅行記の記述を利用して、新しい地名をつける者もいた。これらの叙述は、初めて遭遇した人々にも自分たちと共通する人間性があると認めることと、非ヨーロッパ人の慣習と容貌を表現する際に、彼らを「野蛮」または「非キリスト教徒」として侮辱すること、すなわち自分たちヨーロッパ人よりも劣っていると説明することとの間で揺れるのが常であった。このことは、コロンブスが出会った先住民について説明する際にも当てはまった。同様の事態は、アメリゴ・ヴェスプッチが一四九〇年代末にアメリカ大陸で遭遇した人々について書いた記述にも見られる。彼は先住民の体毛などの身体的特徴だけではなく、文化的習慣や日常生活についても記述している。例えば、彼らの生活ぶりは「まったく野蛮でありまして、きまった時刻に食事をするというのでもなく、好き勝手にする」と断言した(15)。

近世の遭遇の時代には、人類には異なる性質を持つ人々がいるという新しい考え方が生み出されていたといえる。これらの相違の中に、生得的かつ生物学的に引き継がれるもの、すなわち「人種的」差異があると考えられ始めた。当初スペイン人は、人間集団間の違いを、スペイン語でカスタ、すなわち「社会集団（カースト）」や「身分」を意味する言葉で表現した。この言葉は、多くの場合、世襲される法的、職業的な区別を意味していた。一五世紀のスペインにおいては、政治的な理由によって、家系に基づく社会的差異化がより強化されていた。一九四二年にフェルナンドとイサベルがスペイン王国を統合することで確立した王室支配の勝利は、王家の血統原理を強めた。さらに彼らが進めた権力の強化とカトリック教会との連携は、何世代にもわたってカトリック信徒である者、あるいは「純血」のカトリック信徒と、ユダヤ教徒やイスラーム教徒、そして最近カトリックに改宗した者たちといった政治的にも宗教的にも疑わしい集団とを厳格に区別する必要性を生じさせた。これらの政治的な動きはどちらも、家族の系譜への注目を促すことになった。

こうして植民地下に置かれたメキシコにおいては、カスタは新しい意味を獲得した。すなわち「純

16のカスタに分けて描かれた絵

植民地下のメキシコにおける混合婚による家族を描いたカスタ絵である。最上部の左端にある最初の絵は，スペイン人男性と現地人女性，そして彼らの間に生まれた混血の子どもを描いている。最下層となる16番目の絵は，「No te entiendo」（文意としては「私はあなたを理解できません」）と書かれた男性と現地人女性，そして彼女が産んだ「Torna atras」（退化）と但し書きされた子どもが描かれている。これらの絵は，18世紀のメキシコではありふれたものだった。すなわち彼らが用いた分類は，常に同一のものではなかったが，彼らは混合婚の結果を図表化しようとしたのである（Schalkwijk/Art Resource, NY/*The Family,* p. 60）。

血」のスペイン人の末裔以外のメキシコに住む人間集団全てを指す言葉となったのである。植民地下のメキシコ社会において、アメリカ先住民やアフリカ人奴隷を含む新たな人間集団間での混血が進んだ。一八世紀までには、家系や肩書きだけではなく、人種的特徴（肌の色やその他の身体的特徴）と呼びうるものも、社会的地位を区分するために確認され、記録されることが一般的になった。スペイン人と先住民との初期の混合婚は、一六世紀には植民地エリートを出現させる基盤であったが、一八世紀までには、混合婚による子孫を細かく分類することにますます関心が向けられるようになった。非常に特徴的な新しいジャンルの絵画、カスタ絵が、この徐々に作り上げられた分類システムを広めることとなった。

カスタ絵は、混合婚の夫婦と彼らの子どもたちについて、社会的地位、身体的特徴、職業、財産といった特徴をもとに考案した綿密な分類系統によって、ランクづけしたものである。この一連の絵では、「純血のスペイン人」の血筋に近い家族が、より裕福で、身なりがよく、肌の色も薄く、清潔で快適な環境に住んでいると描写された。もちろん、これらの絵を、実際の状況を描いた民族誌的な記録として読むことはできない。むしろこれらは、一八世紀メキシコの支配階級に受け入れられるよう新たに引かれた人種的な区分線に基づいた、社会階層に関する想像上のヒエラルキーを表している。カスタ絵は、メキシコで出会った異なる者同士が性的関係を結ぶことで、絶えず増え続ける新しく幅広い複雑な分類に焦点を当てたものであった。これらの絵は、人種を二種類に分けられるカテゴリーとしてみなしたものでもなければ、ましてや固定化されたカテゴリーと捉えて書かれたものでもない。

しかしながらカスタ絵は、人種意識および人種と社会的地位との関係が体系的にまとめられ始めたことを示唆している。

＊　＊　＊

近世には、グローバルな遭遇、すなわち航海、探検、貿易、改宗、征服、そして植民地化が頻繁に行われることで劇的な変化が生じた。この変化によって、家庭生活と理想的な家族のあり方が形成されるだけではなく、家庭生活と家族のあり方が様々な変化を促す事態も起こったのである。征服者たる帝国の支配者たちは、征服された一族やその親族と結婚あるいは同盟によって関係を築くか、あるいは別の一族に支配権を引き継がせるか、または被征服者家族の力を弱め、消滅させるために新たな規則を作り出すかを決定する必要があった。しばしば異なる文化が混ざり合うことで生み出された新しい宗教実践に加えて、（人種という観念が生じてきたことに体現されるように）人間を集団として区分する分類項目や相互の関係性に関する新しい考え方もまた、家族をどう扱うかといった問題から引き出されたものであり、家族的な比喩を用いながら理解された。近世において、グローバル・ヒストリーに大変化をもたらしたこの壮大な遭遇劇は、避けることのできない家族同士の遭遇でもあったのである。

注

（1）Susan Kellogg, *Law and the Transformation of Aztec Culture*（Norman University of Oklahoma Press, 2005）, p. 202.

（2）Kellogg, p. 203.

（3）Ibn Battuta, *Travels in Asia and Africa 1325–1354*, translated and edited by H. A. R. Gibb（London: Broadway House, 1929）, Internet Medieval Sourcebook, http://www.fordham.edu/halsall/source/1354-ibnbattuta.html（二〇一一年九月二七日閲覧）.〔イブン・バットゥータ著、イブン・ジュザイイ編、家島彦一訳「第一〇章　キプチャクの大草原を行く」『大旅行記』四、東洋文庫六五九、一九九九年、三一～三二頁をもとに、一部修正しつつ訳出した〕

（4）Ibid.〔イブン・バットゥータ著、イブン・ジュザイイ編、家島彦一訳「第二八章　サハラ砂漠を超えてスーダーン地方への旅」『大旅行記』八、東洋文庫七〇五、二〇〇二年、三〇頁をもとに、一部修正しつつ訳出した〕

（5）*The First Letter of Christopher Columbus to the Noble Lord Raphael Sanchez Announcing the Discovery of America*（Boston: Published by the Trustees, 1891）, p. 13, Open Library, http://www.archive.org/stream/firstletterofchr00colu#page/n7/mode/2up（二〇一一年九月二七日閲覧）.〔コロンブス著、林屋永吉訳『全航海の報告』岩波書店、二〇一一年、四九、五五頁をもとに、一部修正しつつ訳出した〕

（6）*The Ain I Akbari by Abul Fazl Allámi*, translated from the original persian, by H. Blochmann, M. A. and Colonel H. S. Jarrett（Asiatic Society of Bengal, Calcutta: Printed by G. H. Rouse at the Baptist Mission Press, 1873）, Vol. I, p. 44, https://persian.packhum.org（二〇一一年二月一二日閲覧）に入り、

ライセンスに関する同意をクリックしたあと、アブル・ファズルの著作物（Abū al-Fażl "Allāmī" ibn Mubārak, Šayḫ）を選択すれば閲覧可（二〇一三年五月一九日訳者閲覧）。

（7） Ruby Lal, *Domesticity and Power in the Early Mughal World* (Cambridge and New York: Cambridge University Press, 2005), 173; Rosalind O'Hanlon, "Kingdom, Household and Body History, Gender and Imperial Service under Akbar," *Modern Asian Studies* 41: 5 (2007), pp. 889–923.

（8） "Christopher Columbus: Extracts from Journal," edited by Robert Guisepi, 2002, originally published in John Fiske, *Discovery of America*, Appendix C (Boston and New York: Houghton Mifflin, 1892), http://history-world.org/christopherdocs.htm（二〇一一年九月二七日閲覧）.〔コロンブス著、林屋永吉訳『コロンブス航海誌』岩波書店、一九七七年、九〜一〇頁〕

（9） Lyndal Roper, "Luther: Sex, Marriage, and Motherhood," *History Today* 33 (1983), pp. 12, 33 から引用。

（10） Martin Luther, "The Estate of Marriage (1522)," translated by Walther I. Brandt, in *Luther's Works*, edited by Helmut T. Lehmann, vol. 45, *The Christian in Society* (Philadelphia: Fortress Press, 1962), pp. 38–46.

（11） Lucia Ferrante, "Marriage and Women's Subjectivity in a Patrilineal System: The Case of Early Modern Bologna," in *Gender, Kinship, Power: A Comparative and Interdisciplinary History*, ed. Mary Jo Maynes et al. (New Brunswick: Routledge Press, 1996), pp. 115–129.

（12） Mark A. Burkholder with Suzanne Hiles, "An Empire beyond Compare," in *The Oxford History of Mexico*, edited by Michael C. Meyerand and William H. Beezley (Oxford: Oxford University Press, 2000), p. 127.

(13) Robert S. Haskett, "Living in Two Worlds: Cultural Continuity and Change among Curenavaca's Indigenous Elite," *Ethnohistory* 35 (1988), pp. 34-59; Patricia Seed, *To Love, Honor and Obey in Colonial Mexico: Conflicts over Marriage Choice, 1574-1821* (Stanford, CA: Stanford University Press, 1992).

(14) Haskett, pp. 39-40.

(15) Merry Wiesner et al., *Discovering the Global Past: A Look at the Evidence*, 2nd ed. (Boston: Wadsworth, 2001), p. 430.〔アメリゴの言葉自体は、「アメリゴ・ヴェスプッチの書簡集」に収められており、翻訳は以下の文献に倣った。コロンブス、アメリゴ、ガマ、バルボア、マゼラン著、長南実訳「アメリゴ・ヴェスプッチの書簡集」『航海の記録　大航海時代叢書一―一』岩波書店、一九六五年、二七一頁〕

訳注

〔1〕注(8)の翻訳書の訳注（二五三頁）によれば、モーロとは、「紀元七一一年にイベリア半島へ侵入し、ほとんど全半島を短期間に征服したイスラームの勢力」を指す。

〔2〕この点について、ルターは次のように述べている。キリストが考える貞潔の請願は、「からだや魂の危険なしに果たしうるかぎり、私は貞潔を誓願する」という意味であり、「もし、自制することができないのならば、結婚するがよい」というパウロの勧め（第一コリント人への手紙第七章九節）に従えばいい、と。そして結婚することは「誓願を破っているわけではなく、誓願の健全な理解を保っている」と主張している（マルティン・ルター著、ルター著作集委員会編、徳善義和訳「修道誓願について、マルティン・ルター博士の判断　一五二一年」『ルター著作集』第一集、第四巻、聖文舎、一九八四年、四三四頁参照）。

第5章　グローバル市場における家族――一六〇〇～一八五〇年

◆家庭生活へのインパクト

チャールズ・ディケンズ作『クリスマス・キャロル』（一八四三年）における重要な一コマは、クラチットの家族が自宅でクリスマスを祝う場面で出てくる。「クラチットの妻が心持ち紅潮しながらも誇らかな笑顔で登場した……プディングは……微妙な香りを添えるブランデーの火が燃えて、てっぺんにクリスマスを祝うヒイラギの枝が飾ってあった」[1]。一八五〇年に、ディケンズの友人であるチャールズ・ナイトは、イギリスの大衆紙『ハウスホールド・ワーズ』にクリスマス・プディングの物語を寄稿した。その中で、彼は、このイングランドの伝統的な祝祭のデザートのレシピを次のように列記した。「一ポンドの干しぶどう、一ポンドの干しスグリ、一ポンドの牛脂、一ポンドのパン粉、四分の一ポンドのオレンジの皮、ナツメグを一つ、ティースプーン一杯分のシナモンの粉、ワイングラス一杯分のブランデー、卵七個、ティースプーン一杯分の塩、四分の一ポンドの粗糖……」[1]。何世紀も前のプディングは、もっとシンプルであった。しかしディケンズの時代には、ナイトの記述を見ても明らかなように、ちゃんとしたプディングを作るためには、世界中から集めた材料を用いる必要があった。干しぶどう、干しスグリ、オレンジは地中海にある様々な地域から、ナツメグは、後にオランダ海上帝国の一部となるインドネシアのスパイス島と呼ばれたところから、シナモンはセイロン島から、粗糖は西インド諸島からもたらされた。

近世にグローバル貿易が拡大した結果、世界中の食卓が変わった。山芋、じゃがいも、トウモロコシといった「新世界の農作物」は、一四九二年以降、何世紀にもわたって、旧世界の食事を変えた。すなわちヨーロッパ、アジア、アフリカでは、各地でこれらの作物を輪作することで、食事に変化がもたらされたのである。とはいうものの、人気を博した新しい農作物の多くは、原産地以外では根づかなかったために、手に入れるには輸入に頼るしか術はなかった。コーヒーを飲む習慣は、最初はゆっくりとエチオピアからアラビア、エジプト、オスマン帝国へと伝わった。一六世紀にはイタリアにまで伝わり、そこから急速にヨーロッパ各地の都市に伝わった。ヨーロッパの人々はコーヒーや紅茶を嗜好するようになったが、スパイスと同様、こうした品を嗜むのは、より温暖な地域からの輸入を通じて初めて可能となったことであった。一七世紀までに、衣料品に使われる材料である綿、絹、亜麻などを主とする、その他の日常必需品の市場もまた、急速に加速しながら「グローバルに広がる」ものとなった。

イギリスのクリスマス・プディングのレシピを変え、様々な外国産の商品をもたらしたこの歴史的な諸力は、実に様々なやり方で世界中の家族に直接的な影響を与えた。クラチット家や彼らと似た状況にあった実在の人々は、外国産の商品を購入した。これらの外国産の商品は、ヨーロッパの裕福な都市民の中で生じた理想的な家庭生活イメージを象徴するものとなったが、一八世紀の末までに、小説、家庭雑誌、家政書や助言書などの人気を博した出版物を通じてさらに広まることとなったのである。

しかしながら、新しい商品は、グローバルに展開する貿易商人のネットワークを通じて、ディケンズが『クリスマス・キャロル』を執筆する大分前から、ヨーロッパの港や市場に運ばれ、人々の手に渡り始めていた。新しい日用必需品を扱う商人たちは、しばしば家族の絆を用いたネットワークを通じて商業活動を行った。彼らは世界中に貿易拠点を築いたが、そこを近親者に任せるか、地元の人々とのより密接な関係を構築して新しい家族を形成し、活動を展開したのである。商人たちは、遠く離れた地に張り巡らされた家族ネットワークを通じて、信頼できる家族からもたらされる商品、信用、政治的情報を頼りにした。一例として、ポルトガルの若き貿易商人、ルイス・スアレスをあげることができる。彼は、一六三四年に西インド諸島に行き、そこで商売を始めた。商売を始めるにあたって、家族のつながりが彼の推薦状となったことは、地元の商人が別の商人へスアレスの到着を告げた手紙を読めば明らかである。「この入江にやってきたのは、フェルナンド・フェルナンデス・リベイロの息子であり、アントニオ・ヌニェス・グラマソの甥であり義理の息子である人物だ……彼はここに家を建てたいそうだ……彼はつまるところ、適切な配慮のできる人物、すなわちアントニオ・ヌニェス・グラマソの真の弟子だと聞いている(2)」。

グローバルな貿易の拡大には、不穏な展開、すなわち労働の崩壊と再編もみられた。ヨーロッパやその他の地域において、商売を営む野心的な起業家たちは、市場の需要に応えるために奴隷労働を用いてプランテーションを建設した。情け容赦のない奴隷貿易が次々と行われたが、これによって人間の商品化、すなわち人間を売買可能なものに作り替えることが行われた。奴隷貿易は、何百人もの人間、特に西アフリカ人を故郷や家族から根こそぎ奪った。奴隷労働を採用していない農場においてさえ、農業の商業化は、家族形態を変化させ、ユーラシア大陸のみならず世界中の地域で、伝統的な農家の生活を再編した。グローバルな市場を生み出した近世の商業革命において、商業活動と家族の変容は分かちがたく結びついていたのである。

◈同族中心主義の商業ネットワーク

近世のグローバル貿易は、家族を軸にした商業ネットワークを基盤に発展したが、このグローバル貿易において、アルメニア商人たちは必要不可欠な存在であった。彼らはアジア、北アフリカ、ヨーロッパで展開された海外貿易や地中海貿易で、長きにわたって重要な役割を果たした。しかし、一七世紀初頭までにオスマン帝国とサファヴィー朝の国境で起こった政治対立は、世界貿易におけるアルメニアの貿易商人の役割を劇的に変える状況を作り出した。アルメニア人が築いたジョルファーという都市は、サファヴィー朝のアッバース一世によって、一六〇四年に破壊された。そしてサファヴィー朝の勝利によって、シャー〔皇帝〕は、ジョルファーから南東に一〇〇〇キロ以上離れたサファヴィー朝の首都イスファハーンの郊外に新ジョルファーを新しく建設し、そこにアルメニア商人のコミュニティを移した。この強制的な移住は、アルメニア商人たちがもたらす富を通じて、サファヴィー朝を豊かにし、強大な国家とするという計画的な戦略を意味していた。

アルメニア人の貿易コロニーが新ジョルファーに建設された。これによって、アルメニア人コミュニティに特別な地位、特権、専売権が与えられ、結果として新ジョルファーは、アルメニア商人たちの国際的なネットワークの中心地となった。この新しい拠点から拡がったアルメニア人の貿易コミュニティは、パリから東インド洋にまで広がった。アルメニア人貿易の成功を築き上げた組織的な拠点は、単なる交易の中心地ではなく、それをはるかに超えるものであった。信頼と信用は長距離に及ぶ海上貿易にとって極めて重要であり、遠く離れたアルメニア人コミュニティを結びつけたのは、親族関係、母国語が同じであること、仕事上の関係、キリスト教によって結びつけられた特別な関係に基づく絆であった。こうした絆は、アルメニア人に共有されていたアイデンティティを強固なものにし、自分たちを他と違う集団と考える感覚や互いへの信頼をますます高めることになった[3]。

セファルディム系ユダヤ人（スペインやポルトガル出身のユダヤ人）はディアスポラ〔一二五頁を参照〕を余儀なくされたが、その結果、世界初の「グローバル企業」を生み出した。この過程においても家族のつながりが決定的に重要な役割を果たした（セファルディム系ユダヤ人は、自らのルーツがイベリア半島にあるとしている）。一五三〇年代に、ポルトガルの貿易商人の若き未亡人、ベアトリス・メンデス〔ユダヤ人名はグラシア・ナシ〕は、リスボンからアントワープへと避難した。彼女の義理のきょうだいであるディエゴ・メンデスは、当時アントワープに住み、スパイス商を営んでいた。彼はヨーロッパ中にある多くの伝手を用いて、ベアトリスと同じくユダヤ人、あるいはコンベルソ（改宗ユダヤ人）であるという理由で迫害されていた家族や友人たちが移住するのを支援した。コンベルソは、キリスト教に強制改宗させられたユダヤ人の子孫であり、彼らは常に家庭内で隠れてユダヤ教を信仰し続けているのではないかという疑いを持たれていた。

ベアトリスは、家族から引き継いだ財産を義理のきょうだいの仕事に投資した。彼女は最終的に敏腕な女性商人となった。義理のきょうだいの死後、彼女は大所帯となっていた世帯をヴェネツィアに移し、娘とともに移住した。ベアトリスがヴェネツィアに移り住んだのは、一五四〇年代に、この都市国家がユダヤ人とコンベルソを歓迎し、商人家族の個人財産になるだけではなく、街の財政を支えることにもなる商業活動を行うための安全な拠点を彼らに提供したからであった。イタリアにおいて彼女は、胡椒、穀物、織物貿易で成功を収めた[4]。

ヴェネツィアにおいてユダヤ人に対する政治状況が変わったことで、ベアトリスは再び、豊富な家族資産とともに世帯ごと移動した。彼女たちが最初に訪れたのは、イタリア北東部のフェラーラであり、その後、オスマン帝国のイスタンブルに移住した。大使の記録は、ベアトリスの個人的な旅行と事業計画が、国際的なコミュニティにとってどれほど関心の高いものであったのかを示している。ヴェネツィアにいたフランス大使は、一五四九年に、彼女がヴェネツィアを離れるという話を耳にしたとき、フランスに次のように書き送った。曰く、コンスタンティノープルにいるオスマン帝国のスルタンから特別使節が派遣され、ヴェネツィアの人々に、「特別使節の手に、ポルトガル人のメンデスとその娘、そして彼女の財産を引き渡し、コンスタンティノープルに連れて行くように」依頼した。さらには「メンデスが、彼女の娘を大シニョール［スルタンのこと］に仕えるユダヤ人医師であり、スルタンが誰よりも重用していたハモンの息子と結婚させたか、婚約させたという噂がある」と書き記した。大使は、この一連の騒動によって、メンデスに長きにわたって向けられていた疑惑、すなわち「彼女とその一族は、あらゆる商人と自由に貿易をして金持ちになるために、キリスト教徒である振りをしたマラーノ（偽装改宗者）［ポルトガル人のコンベルソを指す言葉］の一人である(5)」ことが明らかとなったと付け加えている。

ベアトリス・メンデスの旅は、一五世紀末に始まった、スペインとポルトガルに住むユダヤ人が故郷から世界中の都市に追い出された大規模なディアスポラの一事例であった（この文脈において「ディアスポラ」は、自発的にあるいは仕方なく、故郷から遠く離れた様々な地域へと集団で移住したことを指す）。ディアスポラはグローバルに広がる家族と商業活動のネットワークを作り出した。ディアスポラ状態にあった多くの商人コミュニティが世界の歴史の一翼を担う中で、セファルディム系ユダヤ人（すなわちスペインあるいはポルトガルにルーツを持つユダヤ人）は、世界中にネットワークを張り巡らせた。彼らはインド洋周辺の地中海貿易に関わり、ついには新世界との貿易にも着手した。親族の絆、繰り返される混合婚、そして宗教的迫害という共通の体験は、世界中の商人たちを、何世代にもわたって相互に結びつけた。こうした家族と宗教への忠誠心や信頼関係は、政治的立場よりも優先された。このことは、この集団を身軽かつ柔軟な存在にしたが、他方では、政治的に脆弱な存在にもした。

ユダヤ人商人によるイベリア半島からのディアスポラは、一四〇〇年代後半に始まったが、彼らの動きが家族の絆に基づく真にグローバルな広がりを持っていたことは注目に値する。スペイン国王の権力統合の集大成として、スペインに古くから住んでいたユダヤ人家族は、強制的に改宗させられるか強制退去を余儀なくされた。セファルディム系ユダヤ人は、すでにスペインやポルトガル、地中海沿岸のどこかで、貿易や金貸を営んでいたので、世界中に散らばることで、彼らの貿易ネットワークを拡大させた。彼らは、イタリアの貿易中心地や、アントワープ、アムステルダム、ロンドンといったヨーロッパ北部のプロテスタント諸国だけではなく、ベアトリス・メンデスのように、さらに遠くのオスマン帝国やインドにまで移動した。そしてついには、その根は新世界にまで及び、家族ネットワークの拠点をその地に築いたのである。

セファルディムのコミュニティは、彼らが訪れた世界中のあらゆる場所でネットワークを形成した。彼らは自らの曖昧な立場を利用して、経済活動の仲介者や文化的媒介者として活動した。というのも、当時では珍しく、家族の中に（公言する場合もあれば、秘密裏に）ユダヤ教を信仰し続ける者も、キリスト教に改宗した者もいるといったように、異なる宗教に属する者が家族内にいたのである。もともとはスペイン北部に位置する都市レオンの商人兼ガラス製造業者であったコスタ家が宗教的迫害を受けた際、家族内でこの問題への対応戦略が分かれたが、彼らはお互いに絆を保ち続けた。貿易商アレクサンダー・ダ・コスタをはじめとする一部の者たちは、キリスト教徒に改宗し、スペインにい続け

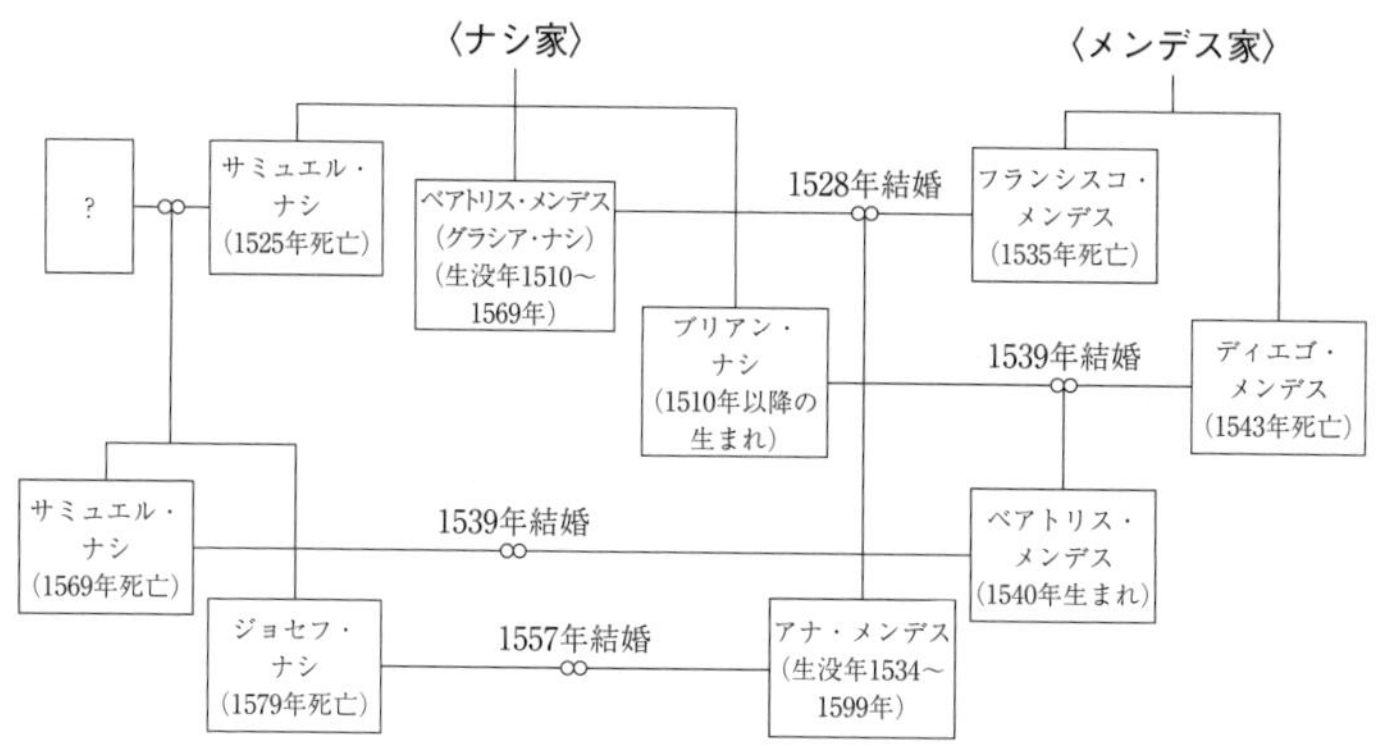

メンデス家とナシ家の家系図

セファルディム系ユダヤ人の商人が，彼らの家族と富を何世代にもわたって引き継ぐための戦略として，結婚をどのように用いたかを示している。メンデス家とナシ家で二世代にわたって行われたように，兄も弟も同じ家の姉妹や従姉妹とそれぞれ結婚した。このような家系図に基づく系譜学研究は，家族の歴史的ダイナミズムを分析するために有効な方法である（Miriam Bodian, “Doña Gracia Nasi,” Jewish Women’s Archive, https://jwa.org/encyclopedia/article/nasi-dona-gracia 2009年 8 月13日〔2023年 9 月20日閲覧〕/*The Family,* p. 67）。

たが、他の多くの新キリスト教徒〔コンベルソやマラーノ〕と呼ばれた人々と同様、隠れユダヤ教徒ではないかと疑われていた。彼は、ユダヤ教徒である家族に対する信用によってユダヤ人商人たちと仕事上のつながりを維持していたが、しかしそのことが、キリスト教徒を信奉する他の商人仲間に疑惑を抱かせたのである。

一方、一五世紀半ばに、エイブラム・ダ・コスタ・デ・レオンはスペインを去り、イタリアの港町ジェノヴァに移住した。そこで彼は都市に対して、ユダヤ人に対する弾圧をやめ、セファルディム系の避難民が都市に定住することを許可するよう訴えた。彼はユダヤ教徒であることを隠さなかった。

コスタ家の中にはロンドンやアムステ

ルダムに根を下ろした者もいた。ジェームズ・ダ・コスタは裕福な海外貿易商人であり、一七世紀初頭のアムステルダムにおいて、初期のシナゴーグの一つを建設することに尽力した人物である。一七世紀半ばに、コンベルソであるベンジャミン・ダ・コスタら数名は、新世界の砂糖業に関与し始め、最初はブラジルのプランテーション経営に、そしてブラジルから撤退した後は、仏領と蘭領の西インド諸島のプランテーション経営に携わった。コスタ家が生き残り、成功するためには、親族関係に基づく家族の絆や共通の歴史、富、信頼が決定的に重要であった。彼らは初期のグローバルな商業活動の基盤となる絆を築いた。彼らの商売は家族経営であったが、それでも国際的な政治的陰謀に巻き込まれることもあった。例えば、一七世紀のカリブ海ではオランダとスペインとの間で貿易をめぐる争いが起こっていた。スペインの異端審問記録には、コスタ家の二人、ロペ・デ・アコスタ・スアレスとダビド・デ・アコスタが「多くの船と積荷の略奪を指揮した」密偵としてオランダを助けたと記されている(6)。

セファルディム系ユダヤ人は世界中の都市に移住したが、彼らは家族と商業活動に基づく複雑な世帯で暮らしていた。これらの世帯には、近親者だけではなく、遠い親戚、徒弟、奉公人も含まれていた。歴史家たちは、ディアスポラによってセファルディム系ユダヤ人の世帯が数百は形成されたと推計しているが、彼らのネットワークは世界各地に広がっていた。例えば、一六〇〇年代初頭に、(ペルーにある)リマの貿易商人マヌエル・バウティスタの世帯には、マヌエル、彼の妻ギオマール、三人の子どもたち、彼の義理のきょうだいであるイサベルとその夫セバスチャン・ドゥアルテ、別の義理の親族二人と五人のいとこがいた(7)。

これらの商人たちの世帯のどれもが、数え切れないほど多くの他世帯との結びつきを持っていた。例えば、一六〇〇年代半ばにカルタヘナ・デ・インディアス（現在のコロンビア）を拠点に活動していた貿易商人シルベイラ家の世帯は、ギニア（西アフリカ）、リスボン（ポルトガル）、マドリッド（スペイン）、ゴア（南アジア）、マラッカ（マレーシア）、マカオ（中国近郊）、長崎（日本）に住む家族と親密な商業上の絆を維持していた。地域や帝国を超えて形成されたこうした絆は、これらの家族が貿易業で莫大な財産を蓄積することを可能にした。しかしながら同時に、彼らはセファルディム系ユダヤ人家族や彼らの商業文化に固有で必要不可欠な秘密主義や同族中心主義を持っていた。そのため、折に触れて彼らには、政治的な背信行為をしているのではないか、本当に改宗したのか、その地域の慣習に馴染んでいるようにみえるのは見せかけではないのかといった疑惑の目が向けられた。

全ての貿易商人が同様の戦略を用いていたわけではなかった。貿易商人たちは様々なタイプの家族を形成したが、これらの家族形態は、世界経済の歴史を動かすエージェントとしての彼らの役割に、効果的に作用することもあれば脆弱性をもたらすこともあった。セファルディム系ユダヤ人やアルメニア人の商業コミュニティは、彼らの関係をさらに強化し、宗教実践を大事に守り、拡大していく家族を少数の系譜に限定するために婚姻関係を内部で結び、資本を集中させた。その一方で別の商人たちは、異なる形態をとった。

◆混合婚による商人コミュニティ

インド洋の西岸では、東アフリカの人々が、西暦一〇〇〇年代後半からスワヒリ海岸を行き来していた北方の商人たちと、商業上の関係や家族としての結びつきを築いていた。バンツー族（アフリカ人）とアラビア語族を祖先に持つ人々がともに居住し、混合婚を行うことを通して、スワヒリ海岸沿いの商業都市には、彼らが入り混じって暮らしていた。そのため経済状況や文化にもそうした混合状態が反映していた。しばしば一八世紀や一九世紀に書き留められた、一五世紀やそれ以前に遡ることのできる伝承をみてみると、これらの都市の起源は、家族の結びつきを強調する系譜物語として描かれている。こうした起源にまつわる神話では、多くの場合、北方から来た外国人商人と地元の王女との結婚が、象徴的な物語として中心に据えられた。次の文章は、キルワ島の海岸沿いの都市の始まりの物語から引用したものである。

それから、スルタン・アリ・ビン・セルマニ、すなわちペルシア人がやって来た。彼は財産と子どもたちとともに船でやって来た……彼らはキルワ島に下船し……この地の長、大ムリンバのもとに行き、居住地を求めた……彼らはこれを得る代わりに、大ムリンバに交易品とロザリオを贈った……スルタン・アリは大ムリンバの娘と結婚した。彼はその地の人々と仲良く暮らした……スルタン・アリは大ムリンバの娘との間に息子を一人もうけた。その子はスルタン・モハメド・ビン・スルタン・アリと呼ばれた。彼は大人になるまで家で暮らし、その後、彼の祖父である大ムリンバに会うために……家を出た。彼が祖父のもとにたどり着いたとき、大ムリンバは自分の持つ権力を孫である彼に与えた。(8)

政治的権威の起源は、したがって、二つの異なる出身地域を持つ二つの家族が融合すること、すなわちその土地の支配者家族と海を越えて交易のためにやって来た家族が交わることと直接結びついていた。そのときに行われた富の交換が、両者の契約を固いものにし、習わしの基盤を作った。海岸沿いの諸都市における家族の社会的地位と政治的立場、そして家族生活や習わしにまつわる儀式は、海上貿易とそれがもたらした富、家族の系譜、政治的権力の三者間のつながりを強化し続けた。エリート家族は、海岸沿いの諸都市や島を支配し、倉庫を建設し、遠距離交易における必需品を取引した。

インド洋海盆のさらに東では、また別の形態の家族が商業活動を取り仕切っていた。この地に初めて海を渡ってやってきたのは、中国商人であった。一五世紀初頭までに、中国人船長のほとんどが比較的自国に近い、東南アジアの沖合の島々で活動したが、中にはさらに西に進出するものもいた。彼らはアラビア語の地図や旅行記を道案内に用いながら、中国からインドやアフリカへインド洋の海岸線に沿って航海した。彼らは価値のありそうな特産品を「貢物」として集めたが、貢物収集の最も重要な側面は、中国の皇帝の正統性と国際的な威信を示し、これを高めることにあった。これらの中国人による海上探検は、したがって、後に訪れるヨーロッパの探検家たちとは異なるものであった。すなわち初期の中国人探検家たちは、改宗や植民地化を目的にしてはいなかったのである。

それどころか、中国の皇帝がこうした遠距離貿易を、財を築くための望ましい手段であると認識することはなかった。実際、一五世紀半ばに、中国の皇帝は、約一世紀の間、中国人による海外渡航のほとんどを禁止した。この海禁によって、何世紀にもわたって行われてきた海外貿易が止まることはなかったが、しかし中国商人を取り巻く状況を変えることになった。中国を出国した中国商人はほぼ男性であったが、彼らは海禁によって帰国が困難となった。なぜならば彼らが帰国すれば、出国したかどで処罰される対象となるからであった。したがって、中国商人は東南アジア、マレーシア、インドネシア、フィリピンにあるインド洋交易の港市に、そのほとんどが定住することとなったのである。

家族の新しい形態が、海外の中国人貿易コミュニティの中で徐々に発展していった。貿易商人たちは、海禁が解除された後も地元の女性との混合婚を続けた。一六世紀にジャワ島の胡椒取引集積地であるバンテンを訪れたオランダのある旅行家は、「中国人は、強固な柵に囲まれたバンテンにある中国人地区に住んでいた……彼らは初めてこの地に来た時に、他の貿易商人たちと同様、彼らが再び中国に戻る時まで仕えさせるために妻を買った。そして帰国の際には、再び妻を売り、妻との間にできた子どもたちを中国に連れて行った。この地に住んでいるのは、農家から胡椒を購入し、手に秤を持って田舎に行商に行く人たちであり……中国船で帰国することを拒否して胡椒を集めている人々である(9)」。

この描写は、海外に住む一部の中国商人たちには当てはまるだろうが、オランダ人が地元の結婚習慣を誤解した結果でもあるといえよう。ジャワ島では、女性は性的な問題に関して、（ヨーロッパや中国とは対照的に）かなりの自立性を有していた。例えば、婚資は、婚姻時に新郎の家族が新婦や新婦の家族に渡した（対するヨーロッパや中国では、新婦の家族が持参金を支払った）。いずれにしても、多くの中国商人たちが、この描写で示されたよりも永続的に家族を形成した。こうした関係から生まれた子どもの多くが、東南アジアの島や港市に住み、中国人と地元住民双方の特徴を持つ家族のもとで育った。中国人の父親は、父親の血統と姓を強調する儒教の伝統を大事にした。それゆえに妻の出身に関係なく、少なくとも一族の姓を名乗ることなどして、「中国人」家族のアイデンティティを育んだ。とはいうものの、家族の食事、衣服、言語はしばしば母親の文化を受け継いでいた。

一八世紀までに、こうした関係の結果として、マレーシアの多くの島々で海峡（狭い水路）を拠点に活動した「海峡華人」と呼ばれた人々の巨大なコミュニティが形成された。海峡華人は、中国とマレーシアの現地コミュニティのどちらとも異なるアイデンティティと家族文化を持っていた。親族のネットワークは貿易ネットワークの形成と拡大に決定的に重要な役割を果たした。兄弟たちはしばしば、マレー半島のあちこちで店を構え、親族関係に基づいた商業上の関係性を築いた。息子（ときには兄弟）を養子に出すことで、商業上の結びつきを強固にするといった手段も用いられた。

一九世紀半ばまでは、中国からマレーシアに移住する女性がほとんどいなかったため、中国商人たちは、現地の女性の中から家族になる人を選び続けた（実際、一部の商人は、二つの家族を持った。一つは中国の「家」であり、もう一つはマレーシアの家族であった）。一般的に、これらの婚姻関係で生まれた

オランダ版画に描かれた中国商人とジャワ人の妻

1598年に，中国商人（左）と彼のジャワ人の妻（中央），内陸の農民から胡椒を受け取った商人（右）を描いたもの。中国人男性と現地女性との結婚は，東南アジアにおいて中国商人が地元の経済界との関係を築くために，しばしば用いた戦略であった（Lodewycksz, '*Teerste boek-Historie van Indien,* 1598, Collection of the James Ford Bell Library, University of Minnesota/*The Family,* p. 72）。

男子は、中国で教育を受けた。マレーシアの女性と中国人男性の間に生まれた娘たちは、しばしば、移住して来た中国人男性と結婚した。一八九〇年代に、あるマレー系中国人は、中国船の到着には大きな関心が向けられていたと書き残している。なぜならば、「現地の男性と結婚できなかった娘のために、義理の息子にふさわしい一群を歓迎した」からであった[10]。

一九世紀半ばになり、中国人女性がマレーシアに来るようになると、中国人男性とマレー人女性との結婚の割合は減少した。マレー系中国人は、ババ・マレー語と呼ばれることもある、文法構造的にはマレー語であるが、多くの中国の言葉が含まれている言語を話した。したがって、彼らは本国中国の人々からも、居住地であるマレーシアの人々からも区別されていた。同地域において「中国」商人コミュニティと日本人のそれとを比較すると、「中国」商人コミュニティが相対的に成功しており、長きにわたって活動しているが、その理由は、日本商人が中国商人と同様に現地の女性と結婚しながらも、中国商人の家族を特徴づける家系に対する強いこだわりを持たなかったので、現地のコミュニティに完全に同化したからである(11)。

◆プランテーションにおける奴隷

とりわけヨーロッパにおいて、温暖な気候でのみ栽培することができるコーヒー、紅茶、綿などの製品に対する市場需要が増加したために、事業家たちは利潤を求めて様々な戦略を用いた。日用品への需要が増加したが、この動きに対して、彼らは大々的に供給を増やす方法を模索し始めた。結果として、多くの商人家族がネットワークを用いて勅許会社に関わるか投資を行ったが、それによって彼らは植民地帝国内の特定の製品を独占取引するか、あるいは砂糖、スパイス、コーヒー、紅茶などの製品を生産するために設置された新世界やインド洋の植民地のプランテーションに直接関与することになった。例えば、コスタ家は、勅許会社の一員となり、新世界の商取引から手を引き、ブラジルでサトウキビ栽培・販売を始めた。コーヒーは、プランテーションで栽培される、もう一つの需要の高い作物であった。オランダとイギリスの商人は、東アフリカと中東からヨーロッパにもたらされたコーヒー貿易によって、カイロで莫大な利益が得られるのをみて、一七世紀には、この事業に参加するようになっていた。一八世紀初頭までに、オランダ商人たちは、ジャワ島に共同でヨーロッパ市場向けのコーヒープランテーションを建設した。フランスもすぐに西インド諸島にある自らの植民地で同様の活動を開始した[12]。

商人たちはプランターとともに、あるいはプランターとして働いたが、その結果、新しい商業的な農業経済が、動産としての奴隷を前提として展開されることとなった。歴史家たちは、どのくらいの奴隷が存在したのかについて正確な統計を出せないでいるが、一六世紀から一九世紀にかけて、一〇〇〇万人ものアフリカ人が捕らえられ、強制的に西半球に連れて来られ、新世界のプランテーションで奴隷として働かされたという説に同意している[13]。奴隷にされた人々が、最も直接的で深刻な影響を受けたが、奴隷制はまた、連れて行かれた人々が暮らしていた地域、主として西アフリカと中央アフリカの諸地域と残された人々をも荒廃させたのであった。

男性も女性も奴隷として連れて行かれたが、より多く奴隷として捕まったのは若い男性であった。なぜなら彼らの労働力が新世界のプランテーション経営者にとって最も価値があったからであった。一五二六年にコンゴ王ンジンガ・ムベンバ〔2〕は、ポルトガル王に宛てた書簡の中で、コンゴでポルトガル商人たちが行っている暴挙を非難した。

多くの我が民が、あなたの国の製品や品物であるかのように激しく求められ、あなたの国の人々がこの地で手に入れている物資と同じように扱われている。彼ら〔商人たち〕の貪欲な欲求を満たすために、多くの民や自由人が奪取され、もはや人間として扱われていない。貴族や家臣の息子、私自身の親族までも誘拐することが頻繁に起きている。そして我が王国にいる白人に売りつけるために連れて行かれている……(14)

コンゴのようなアフリカのコミュニティは、家族の誰かを失うという個人的苦痛を繰り返し経験した。さらに、若い男性が奴隷にされがちであったという状況は、奴隷狩りが広がっていた地域の家族にとって、後世にも影響を与え続ける問題を引き起こした。一方の性の割合が偏ることや、労働力を奪われることで困窮状態に陥ることは、新しい家族を築くことを困難にした。男性が連れ去られたコミュニティにおいては、女性への負荷が増加することになった。

アフリカからの過酷な旅路を何とか生き抜いて、アメリカのプランテーションに到着した奴隷たちには、非人間的なプランテーションでの奴隷生活が待ちうけていた。しかしながら彼らは困難な状況にもかかわらず、家族生活や同族との関係を再建しようとした。北アメリカ南部のプランテーション経営者の中には奴隷が家族を形成することを許した者もいたが、その理由は、道徳的、宗教的に奴隷にとって家族の再建が必要であると判断したというだけではなく、奴隷の再生産を狙ってのことであった。奴隷の子どもを将来の労働力として換算すると、新しい奴隷を買うよりも安上がりだと算段したのである。奴隷の結婚が許された場所では、奴隷たちはしばしば教会で結婚した。しかし、奴隷同士の結婚の誓いは、奴隷とプランターの心に一つの疑問を抱かせた。すなわち、攫われて売られた人々が、教会で神聖な誓いを立てて「死が二人を分かつまで」一緒にいるにはどうしたらいいのだろうかという疑問である。時折「死や距離が二人を分かつまで」というフレーズが代わりに使われたが、このことは奴隷家族にとってともに生きることがいかに危ういものであったのかを映し出していた。

しかし、奴隷の中にはこうした困難にもかかわらず、家族の絆を築いた者もいた。彼らは子どもに命名する際、父方の家系よりも母方の家系にちなんだ名前をつけたが、こうした名づけ方に家族の絆を見てとることができる。奴隷の伝記は奴隷の家族生活を示す貴重な証拠である。例えば、一八一八年にノースカロライナに奴隷として生まれたハリエット・ジェイコブズは、自伝の中で近親者との関係について描写している。彼女は常に、家族生活の微妙さに気がついており、彼女の祖母を「自分の子を守ることすら許されない奴隷の母」[15]と記述した。

売られるかもしれないという恐れは、常に奴隷たちにつきまとった。一部の州、例えば、ルイジアナでは、プランテーションの所有者が一〇歳未満の子どもを母親から引き離すことは違法であった。しかしながら、法制度によって、所有する奴隷を好きに扱うプランターの権利が咎められることは滅多になかった。さらに、女性の奴隷は常に男性の奴隷所有者によって性暴力の対象にされやすかった。白人のプランターと奴隷との性的関係が家族を作り出すこともあった。ジェイコブズはそのような状況を酷く悲しげに次のように書き記した。

うつくしい少女が二人、お庭で遊んでいるのを見たことがある。一人は白人の子どもで、もう一人

STATE OF NORTH CAROLINA,

JOHNSTON COUNTY.

May 19th A D. 1866.

Before me, P. T. MASSY, Clerk of the Court of Pleas and Quarter Sessions for said County, personally appeared Ransome Grant and Rhody Thompson residents of said County, lately slaves, but now emancipated, and acknowledged that they do cohabit together as man and wife, and that said cohabitation commenced the .... day of about A.D. ..., 1857.

P. T. Massy C. C. Clerk.

By W. A. Smith J.P. Aug. 25/66.

市民戦争後にノースカロライナのジョンストン郡から出された証明書

奴隷制のもとで，2人の解放奴隷が9年前に共同生活を開始したことを記録した公式な証明書である。以前の奴隷は，解放後にのみ結婚する権利を有していた（The Heritage Center, Johnston County, North Carolina/*The Family,* p. 75）。

は彼女の奴隷であり、異母妹だった。少女がお互いに抱きついて、楽しそうに笑いあうのを見たとき、わたしは悲しくなって目をそむけた。小さな奴隷少女の心を、やがて確実に虫食む不幸が見えてしまったから。楽しそうな笑い声は、もうすぐため息に変わる。(16)

子どもたちが大人になってしまえば、人種および奴隷という地位は、生物学上の親族関係に完全に勝るものとなったのである。

カリブ海やブラジルにおけ

る奴隷の死亡率は、北アメリカのプランテーションよりもかなり高く、家庭生活を営んでいると見せかけることさえほとんど不可能なほどであった。ほとんどのプランテーションの所有者は、奴隷が家族を持ち、子どもを産み育てるために必要な環境を作り出すことよりも、アフリカから新しい奴隷を輸入し続けることの方が安いと判断したように思われる。

奴隷によるプランテーション農業は、新世界と東インド洋にあるヨーロッパ植民地でまず発展した。しかしながら、農産物の需要の高まりは、他の地域にも同様に、この新しいタイプの農場をもたらした。インド洋の東端では、南アラビアの裕福な商人が、一七世紀までに、ナツメヤシやスパイスなどの農産物に対する世界規模の需要の拡大に対応可能なプランテーション・システムを立ち上げた。彼らもすぐに、奴隷の労働力に強く依存するようになったが、この場合、大部分の奴隷が、東アフリカの隊商の路程に沿って捕獲された。

この新しい奴隷制は、完全に新規なものではなく、ある程度はイスラームの地に以前存在した奴隷制の伝統に基づいて作られた。イスラーム法のもとでは、妾となった奴隷が主人の子どもを生んだ場合には、その奴隷は主人の死の際に解放されることが定められていた。自由な身の父親を持つ子どもは、たとえ母親が奴隷であっても、自由であると捉えられたのである。したがって、この奴隷制においては、南北アメリカで行われた奴隷制のように、奴隷状態が永続的なものでも引き継がれるものでもなかった。それにもかかわらず、東インド洋において、商業的なプランテーション農業が拡大したために生み出されたこの新しい奴隷制は、この地域に以前存在していた奴隷制よりもはるかに残忍なものとなったのである。

◆ヨーロッパの農村コミュニティ

奴隷労働は、大西洋とインド洋の端にある商業的なプランテーションの所有者に好まれた。しかしその一方で、土地所有者、小農場主、商人は、農業市場の成長に対応するために、ヨーロッパにおける農村労働力の再編にも取り組んだ。一五〇〇年ごろの中欧と西欧における農場の多くは、規模が比較的小さく、家族経営に基づいていた。農家は、小さな地元市場で売るためだけではなく、生きるため（すなわち彼ら自身の食料とするため）に、穀物やその他の農作物を栽培した。ヨーロッパの多くの農民は、耕す土地に対して所有権を持たない小農であった。小農世帯はしばしば、土地を借りる代わりに、貴族の地主に労働、現物、または現金でその代金を支払うことが義務づけられていた。ただし小農家族の家長は、家族で土地を管理し、彼らの小さな区画を耕作する権利を誰に継承させるかを決定する権利を有していた。そのため、農地の獲得は（政治権力や商業活動による財産と同様に）、家族の相続を通じて行われた。

結婚して家族になることもまた、土地や農産物に加えて、農機具や動物といった動産を受け継ぐことに関係していた。こうした財産は厳重に守られ、その譲渡に関しては、結婚をめぐる取り決めの際に、その詳細を書面に書き残すことも多かった。ヨーロッパの小農家族では、息子も娘も両親から遺産を引き継ぐことが可能であったが、それらは必ずしも同じとは限らなかった。通常、ヨーロッパの多くの地域では、土地は男性の相続人がいないという場合を除いて、息子たちに渡された。動産である農場資本、例えば牛や他の家畜に加えて様々な道具類は、娘に与えられることが多かった。ある男女が結婚を望んだ場合、彼らが相続や持参金によって、農地、さらには多くの場合、自分たちの家を用意できて初めて結婚に至った。

新婚夫婦には、新しい世帯を築くための必需品をコミュニティに示すことが求められたが、これは、花嫁行列などの慣習に基づくものである。ドイツ語圏では、ブラウトヴァーゲン（ブライダル・ワゴン／新婦を乗せた荷車）が、新婦の住んでいた村から新しい家まで、新婦と持参品を乗せて運んだ。多くの場合、公正証書と家族の記録には、荷車で運ばれたもののリストが詳細に記録されている。例えば、一八世紀初頭ドイツのディープホルツにおいて、ある新婦のブラウトヴァーゲンのリストには、「ベッドカバー用の一〇ポンドの羽毛」から始まり、「六匹の豚」でしめくくられるまで、一つひとつの価値が詳細に書かれていた[17]。花婿の側から贈られることの多かった土地とともに、新しい世帯の経済的基盤を支えることになるこれらの持参金は、誰もがみえるように披露された。

多岐にわたる村の慣習は、農地と家族のバランスを保ち、人口増加を抑えるよう考えられたものだった。歴史的にみると、結婚年齢の世界的な標準は、男性が二〇代後半から三〇代前半であり、女性が二〇代半ばから後半であったが、中欧、西欧、北欧の多くの地域では、それと比較すると結婚年齢が高く、一八世紀末までは婚外出産は比較的まれであった。そのため、この避妊が一般的ではない時代において、性的に成熟した未婚の若者たちの性衝動をどのように規制するかが、コミュニティにおける大きな関心事であった。多くの村で見られた性的関係を規制する一つの方法は、村の若者の中に道徳規律を守るための集団を組織することであった。若者で構成されたその集団は、若者が出会うダンス・パーティーやお祭りを主催した。彼らは年長者とともに、新たにカップルが誕生するのを見守り、カップルとなった二人が相続すると思われる土地や財産から結婚が適切かどうかを見極め、村の重荷となるような夫婦を誕生させないようにした。その集団はまた、性的に堕落した人たちを罰したが、その方法は、恥ずかしめる儀式を執り行うか、あるいは不道徳な行為をしたと疑われる人の家の窓の下で、夜間に歌を歌うといったものであった。要するに、これらの慣習は、誰が何をいつ誰と一緒に行うことを許すのかについて明確化し、規制することによって、様々な若者の性衝動を抑え込もうとしたのである。

ドイツの農村の慣習（20世紀初頭）
この図は，花嫁の持参品を彼女の故郷の村から新しい夫の家へと人の目に触れさせながら運ぶという慣習を描いたものである。その地域に住んでいた人々は，花嫁が結婚に際して持参した品々を見ることができた。この慣習は，夫婦が釣り合っているのかをコミュニティが見極めるためのシステムであった（Private collection/*The Family,* p. 77）。

しかしこのシステムは、世代間だけではなく、男女間や裕福な家族と貧しい家族との間の緊張を孕むものであった。土地の価格の上昇と農産物への高い需要により、一部の小農世帯は豊かになったが、農地が辺境にある小農は貧しくなった。ラインラントやスイスといった小農家族が密集した地域では、商人たちは貧しい小農を雇って、手織りの織物やその他の手工芸品の「生産」に取り組んだ。このシステムのもとでは、商人たちは羊毛などの原材料を農村の世帯に送り、世帯員がこれを加工し、商品にした。そしてそれを商人たちが販売した。中欧の諸国家は、農村部を下請け産業地域にするよう事業家に求めた。中には、磁器、タバコ、絹などの高級品を生産して地域あるいは世界市場で販売するため、また当局が常々輸入を減らしたいと考えていた高価な品々の輸入量を減らすために、「工場」と呼べるほど大規模な手工芸品を製作するための国営作業所を役人が建設する場合もあった。

これらの地域に住む家族は、小規模農業による農作物だけではなく、手工芸品の収入にも依存するようになった。すなわち家族は、生きるために一年中、休みなく長時間労働に従事するようになったのである。商業的な農業とともに産業が発展したことで、綿製のドレスを着用するなど、ある程度、目に見える形の新しい豊かさがもたらされた。貧しい者でさえ、以前よりも多く物を買うことができた。例えばヴュルテンベルク州のある織物で有名な村では、一八世紀末までに、他の世帯に比べて少量しか織物生産ができなかったとしても、娘の持参品には、時折、絹製品が含まれていた(18)。

しかし、これらの変化は、さらに新しい緊張をもたらし、しばしば世代間の対立を促した。新しい産業労働に従事することで、小農の息子や娘たちは結婚に必要な婚資を手に入れることができた。少なくとも一部の地域では、小農世帯が伝統的に担ってきた農業労働以外の収入を生活費に充てることが可能になったことで、性行為や結婚に対する家族やコミュニティからの監視が緩和され、土地の相続と結婚とのつながりが失われていった。一八世紀末に近づくにつれて、ヨーロッパの多くの地域で、婚外子の割合が急増した。一八世紀後半にピークを迎えた経済活動の拡大は、一部の小農、職人、出稼ぎ労働者を豊かにしたが、経済成長の裏で社会的な犠牲を不平等な形で強いることとなった。それは、とりわけ女性の仕事量の増加や、乳幼児死亡率、婚外出産、離婚、貧困者の割合の増加などとなって現れた。最終的には農地を相続する予定の夫婦にとってさえ、相続を待つ期間は長く、そして不確かなものとなった。

若い世代ができることといえば、上の世代が死や引退によって退くのを待つことであった。一八世紀半ばまでにヨーロッパの多くの地域で、人口増加と貧困により、農地が不足したことは明らかであった。若者が農地を相続する可能性がほとんどなくなったことによって、彼らがこれまでにないほどの焦りや怒り、絶望を強く抱いたことを示す史料がある。この新しい焦りは、例えば、「Voda, wann gibst ma denn's Hoamatl（父よ、あなたが農場をくれるのはいつ）」という題名の一九世紀初頭のオーストリア民謡にも表れていた。

父よ、あなたが農場をくれるのは
父よ、あなたがそこを離れることに同意してくれるのはいつ？
恋人は毎日歳をとっている

もう独身のままでいたくはない
父よ、あなたが農場をくれるのは
父よ、あなたが家をくれるのは
邪魔にならないように引退して自分の部屋に行くのは
そしてあなたのものだったじゃがいもを一日中掘るのはいつになるのか？(19)

＊　＊　＊

家族と農業との密接な関係は、こうした緊張を孕みながらも、一八世紀後半まで、あるいはその後も、西欧と中欧で続いた。プランテーションでは、奴隷たちが、か細く脆弱な家族の絆を維持するために奮闘しなければならなかった一方で、ヨーロッパの小農の中で家族から逃れられる人はいなかった。こうした家族関係の変化は、地域の農業経済がグローバル市場のネットワークにより深く参入するにつれて、より大きな変革の一部となったのである。

注

（1） Kaori O'Connor, "The King's Christmas Pudding: Globalization, Recipes, and the Commodities of Empire," *Journal of Global History*（2009）4, pp. 127–155.

（2） Daviken Studnicki-Gizbert, *A Nation upon the Ocean Sea: Portugal's Atlantic Diaspora and the Crisis of the Spanish Empire, 1492–1640* (New York: Oxford University Press, 2007), p. 85 から引用。

（3） Susil Chaudhury, "Trading Networks in a Traditional Diaspora: Armenians in India, c. 1600–1800," in *Diaspora Entrepreneurial Networks: Four Centuries of History* (Oxford: Berg, 2005), pp. 51–72.

（4） Jewish Women's Archive, Miriam Bodian, "Doña Gracia Nasi," http://jwa.org/encyclopedia/article/nasi-dona-gracia（二〇一一年九月二七日閲覧）.

（5） Cecil Roth, *The House of Nasi: Doña Gracia* (Philadelphia: The Jewish Publication Society of America, 1948), p. 58.

（6） Samuel Kurinsky, "The da Costas; a Remarkable Sephardic Family," Hebrew History Federation, http://www.hebrewhistory.org/factpapers/40dacostas.html（二〇一一年九月二七日閲覧）.

（7） All examples of Portuguese Sephardic households from Daviken Studnicki-Gizbert, "*La Nación* among the Nations," in Richard L. Kagan and Philip D. Morgan, eds., *Atlantic Diasporas: Jews, Conversos, and Crypto-Jews in the Age of Mercantilism, 1500–1800* (Baltimore: JHU Press, 2009), pp. 75–98.

（8） Derek Nurse and Thomas Spear, *The Swahili: Reconstructing the History and Language of an African Society, 800–1500* (Philadelphia: University of Pennsylvania Press, 1985), pp. 70–71.

（9） Anthony Reid, "Diaspora Networks in the Asian Maritime Context," in *Diaspora Entrepreneurial Networks: Four Centuries of History,* edited by Ina Baghdiantz McCabe, Gelina Harlaftis, and Ioanna Pepelasis Minoglou (New York: Berg, 2005), p. 356.

（10） Barbara Watson Andaya. "From Temporary Wife to Prostitute: Sexuality and Economic Change in

Early Modern Southeast Asia," *Journal of Women's History* 9, no. 4（1998）: pp. 11–34.

(11) William D. Wray, "The Seventeenth-Century Japanese Diaspora: Questions of Boundary and Policy," in *Diaspora Entrepreneurial Networks,* edited by McCabe, Harlaftis, and Minoglou, pp. 87–88.

(12) Cemal Kafadar, "A History of Coffee," paper presented at Economic History Congress XIII, Buenos Aires, 2002.

(13) http://www.slavevoyages.org/tast/assessment/estimates.faces（二〇一一年九月一九日）に掲載されているデータを参照。〔プロジェクト開始時の〕このデータベースの共同主任責任者は〔アメリカジョージア州アトランタにある〕エモリー大学のディビット・エルティスとマーティン・ハルバートである。

(14) Basil Davidson, *The African Past*（London: Curtis Brown, 1964）, pp. 191–194. Cited in Wiesner et al., *Discovering the Global Past,* vol. 2, pp. 42–43 より。

(15) Harriet Jacobs, *Incidents in the Life of a Slave Girl Written by Herself,* edited by Lydia Maria Francis Child, p. 28, http://docsouth.unc.edu/fpn/jacobs/menu.html.〔ハリエット・アン・ジェイコブズ著、堀越ゆき訳『ある奴隷少女に起こった出来事』大和書房、二〇一三年、三八頁〕

(16) Jacobs, pp. 47–48.（ジェイコブズ『ある奴隷少女に起こった出来事』四七～四八頁）

(17) Ingeborg Weber-Kellermann, *Die Familie: Geschichte, Geschichten und Bilder*（Frankfurt am Main: Insel Verlag, 1976）, p. 238.

(18) Hans Medick, *Weben und Überleben in Laichingen 1650–1900: Lokalgeschichte als allgemeine Geschichte*（Göttingen: Max-Planck-Institut für Geschichte, 1996）, pp. 441–443.

(19) Lutz Berkner, "The Stem Family and the Developmental Cycle of the Peasant Household: An Eighteenth-Century Austrian Example," *The American Historical Review* 77（1972）, pp. 398–418 から引

用。

訳注

〔1〕チャールズ・ディケンズ著、池央耿訳『クリスマス・キャロル』光文社、二〇〇六年、九九頁の訳文に倣った。

〔2〕アルフォンソ一世。即位前に父とともにキリスト教に改宗した。三度にわたってポルトガル王に書簡を送っている。

第6章　革命期の家族——一七五〇〜一九二〇年

◆産業革命と社会階級

アナ・アルトマンは、一八五〇年代に中欧のボヘミアで自身が過ごした子ども期と、上流階級で経験されたであろう子ども期とを比較して、ヨーロッパの産業革命下では家族生活と社会階級の違いに直接的な関係があったことについて述べている。

プロレタリアが一生の間に編む花冠は、裕福で幸運な人々が編むものとは異なっている。なぜならプロレタリア階級の子どもの揺りかごのそばには、実父母の後ろに、子どもに対する彼らの権利を主張する第二の夫婦、悲しみの父と赤貧の母が立っているからだ。私が今日、今や人生の半ばを過ぎたところではあるが、過去の姿を回想するとき、最初に浮かび上がるのは、荒廃した若き自分の暗い影である。裕福な子どもたちが保護者の庇護のもとで楽しく過ごした黄金期は、私を含めた何百人もの人たちには決して与えられることはなかった。私の六歳の誕生日は、生活費の一部を稼ぐために工場で働き始めなければならなかったまさにその日であり、やっとの思いで過ごす間に終わっていた(1)。

アルトマンの回想録は、工業化の時代の経済変革が、労働者階級と富裕層それぞれにもたらした結果を浮かび上がらせている。子ども期の経験が異なることは、最も如実に現れる階級による違いの一つであった。アルトマンのような政治に関心を寄せた労働者は、奪われた子ども期の個人的な物語を階級闘争の文化的武器として用いた。

我々は工業化を近代的な工場と関連づけがちであるが、ヨーロッパ経済の変化は実際のところ、農村の「プロト工業化」、すなわち工場労働になる以前に行われた自宅や小店での衣服、ビーズ、おもちゃなどの手工業生産から始まった。一八〇〇年ごろまでに、ヨーロッパの多くの農村地域における家族は、商人が地域あるいはグローバルなマス・マーケット〔大量消費／生産される商品の市場〕で販売するための製品を生産することと、小規模農業とを組み合わせることで生計を立てていた。

この種の工業生産は、結果としてヨーロッパの製造業の発展に大きな役割を果たした。家内労働の変化はこの物語の中心であった。綿産業の事例はとりわけ重要である。綿製品は、何世紀にもわたって、インド、中国、アフリカ、そして新世界では、手工業で生産されていた。綿製品は一七世紀以降、新しい植民地貿易の一製品として、かなりの量がヨーロッパに輸入された。イングランドの事業家の中には、さらに多くの量のインド産の綿を輸入するのではなく、国内で綿産業を興すことに経済的価値があると判断する者もいた。国内の綿産業の確立には、原綿の繊維を輸入することが必要であったが、それは同時にヨーロッパの植民地における奴隷によるプランテーションの建設を促進した。さらにインドで製造された綿布をイングランドへ輸入することは、国産の布とインド産の布の競争を避けるために禁止された。

イングランドで綿布製造の開発に関わった事業家は、生産コストを下げる方法を探していた。そこで彼らは労働の生産性に注目した。一七三三年に、ジョン・ケイが発明した飛び杼(ひ)[1]は、織工が使用していた手織り用の織機の生産スピードを上げた。今や織工は、以前よりもはるかに早く布を織ることができるようになったが、糸の不足が増産を妨げた。ほとんどの織布は、いまだに家内労働制をとる小店や家で製造されていた。多くの場合、男性が織布工程を、そして女性や子どもが紡績工程を担った。しかし、世帯や地域の紡績機では織工のスピードに追いつくほどの速さで糸を紡ぐことができなかったため、飛び杼は二つの工程のバランスを崩すことになった。

織物商人と事業家は、紡績工程を高速化する方法を模索し、紡績と織布の二つの工程を織り手の世帯の制御下に置くのではなく、それぞれ別個に自分たちの制御下のもとに置くことで、確実に生産工程を管理しようとした。一七七〇年までに、紡績工たちは、新しい紡績機であるジェニー紡績機を用いるようになった。この新しい紡績機は、一人の紡績工が一度に多くの糸巻きを扱って、糸を撚ることができるというものであった。

したがって、ジェニー紡績機のような機械への需要と成功は、技術の進歩と同様に家内労働の形態にも影響を与えた。ジェニー紡績機は、（その名前が示すように）機械の使い手が若い女性であることを想定して考案されたが、それは伝統的に、主に男性の織り手が用いるための糸を女性が手紡ぎするという家内労働力の分業があったからであった。ジェニー紡績機のもともとの形状と構造は、若い女性労働者向けに作られていた。すなわち体格のよい、年長の労働者には使い勝手が悪かった。同様に、綿布に鮮やかな色の模様を描くというキャラコ（白の平織り綿布）の染色工程は、比較的小さい器用な指を持つ女性や子どもに適するように考案された(2)。

紡績は、ヨーロッパにおいて完全に機械化された最初の産業であったので、紡績工程を主として担っていた若い女性と子どもが、世界初の近代的な工場労働力となった。例えば、一八三五年にアイルランドの南海岸にあるウォーターフォード近くに建設された大規模な綿紡績工場では、工場労働者の四二パーセントが二一歳未満の少女であった(3)。

イギリスの工場モデルを採用した、ヨーロッパの他の多くの近代的な織物工場も、このパターンに倣った。フランスのリヨン近郊で絹織物工場を営んでいたジャン・ボンネットは、近代的な工場経営者のモデルとなった。イギリスのジャーナリスト、エドワード・ワーザーストンが一八七〇年代にボンネットの工場について書いた記事によると、ボンネットは、貧しい農村地域出身の若い少女たちを、「賃金は少額だけれども、衣食住など彼女たちが望む全てのものを提供し、彼女たちに絹糸製造の技術だけではなく、一般教育を提供する約束で」雇った。ボンネットの工場に併設された寮には、厳格な規律を維持する宗教関係者が複数詰めており、ワーザーストンによれば、この寮は、「これらの幼

南フランスの絹紡績工場の労働者の集合写真（1900年ごろ撮影）
労働者のほとんどが幼い少女であった。彼女たちは近隣の農村出身者であり，工場に住み込みで働いていた（Claudius Corne 撮影。“Personnel interne de la Maison C. J. Bonnet, à Jujurieux (Ain)”という出典表記をつけたポストカード/*The Family,* p. 83）。

い野蛮人を秩序正しく服従させる」ための戦いにおける効果的な武器だとみなされていた(4)。

一九世紀の前半には、農業と産業を組み合わせて生計を立てていた多くのヨーロッパ家族の労働時間が長くなったが、しかし実質的な収入は減少した。これらの家族は、生き抜くために複数の稼ぎ手を必要としたが、彼らの多くが生計を立てるために出稼ぎに行かなければならなかった。そのため彼らは初期工業化を家族の危機として経験することになった。

工場町の労働者家族はまた、新たな困難に直面した。仕事にありつけはしたが、雇用主はしばしば女性や子どもを雇いたがった。なぜなら彼女らは様々な工場労働に従事し得たし、多くの場合、男性よりも安い賃金で済んだからであった。仕事上の役割が混乱すると、家庭生活も混乱した。一八四〇年代にフリードリヒ・エンゲルスが考察したように、初期工業化の時代にイングランドで急速に発展した都市の一つであるマンチェスタにおいて、この点が労働者階級の家族生活にはっきりと現れていた。後にカール・マルクスとともに産業資本主義を批判する書物を書き、社会主義運動に関わったエンゲルスは、「多くの家族では、妻もその夫と同じように家のそとで働く。そして、その結果は子どもの完全な放任であり、子どもは［家に］とじこめられるか、あるいは人に預けるために追い出される[5]」と主張した。

労働者階級の産業都市のスラム街とは対照的に、イングランドの産業都市やその近郊に作られた中産階級の住宅地は人目に配慮した都市空間となっていたが、それは中産階級が家族生活を送るための空間を新たに階級別のものとして作り出したからであった。繰り返しになるが、この点は、エンゲルスが調査したマンチェスタでは明らかなことだった。マンチェスタは、「上流および中流のブルジョワジーが……広々とした健康な田舎の空気のなかで、三〇分か一五分ごとに町行きの乗合馬車がそのそばを通りすぎる広壮な、住み心地のよい住宅に住んでいる。しかも、この場合、非常に好都合なことには、これらの富裕な金融貴族たちは、全労働者市区のまんなかをいちばん近道をとおってとおりぬけながら、左右に見られるはずのもっとも不潔で、悲惨な状態の近くをとおりすぎていることに気づきもしないで、都心にある自分の事務所に行くことができるのである[6]」。

当時の労働者階級の子どもたちは街路や工場で、危険と隣り合わせに暮らしており、この状況に社会批評家たちは警鐘を鳴らしていた。そうした状況にいた労働者階級の母親と全く対照的に、中産階級家族の母親は、かつてないほど子育てに専念していた。ほんの一例をあげれば、一九世紀後半におけるフランス北部の工業地域では、B夫人が八人の子どもたちのしつけを行っていた。彼女は家族の記録として、それぞれの子どもについてメモを残していた。「子どもたちをあらゆる邪悪な考えや行いから清める」ために、彼女は子どもたちの考えをいつでも理解できるよう彼らの考えを頻繁に聞き出し、彼らが間違った行動をしたときはおやすみのキスを控えるなどして、子どもたちに罰を与えた(7)。

中産階級家族は、プライバシーを守り、工業都市の不快な世界とは隔絶した生活を送ったが、それでも彼らの理想的な家族イメージは、流布された絵や物語を通じて、また上流階級の家事奉公人である労働者自身の目を通して、さらに店先に飾られた子どものおもちゃといったものからも、労働者たちに伝わった。例えば、上流階級の子どもたちが享受していた保護的な養育と、多くの労働者階級の子どもたちの運命となった過酷な労働との対比は、工業化時代の労働者たちに、階級に対する憤懣を大いにかき立てるものとして記憶された。例えば、一八六〇年に、アルトナのハンブルク近郊に生まれたジュリアス・ブルーンスは、五歳から葉巻屋で働き始めたが、その幼いころの労働について、当時の感情を思い出しながら回想している。

愛する幼子がとても苦しんでいるのを見て、母の心は血を流していた。しかし彼女に何ができただろうか。だから自分は「輝かしい少年時代」の大半を、葉巻工場の埃まみれの煤けた部屋で過ごさなければならなかった。そこでは常に大人たちに混じって働き、ともに生活していた。一方で、自

分よりも幸運な同世代の人たちは、明るい日差しの中、街路を走り回っていた。(8)

◆フランス革命とジェンダー

ヨーロッパの産業革命期はまた、一七八九年のフランス革命から始まる種々の政治革命によって中断された。ヨーロッパの君主たちは、王朝原理、すなわち統治権は家族の血統に基づく王位の相続を根拠に引き継がれるとする原理に基づいて、彼らの権威を主張した。そのため君主に対する反逆はまた、家族の絆にヒビを入れ、不和を生じさせた。家族関係は、様々な点で革命の過程と深く結びつけられたのである。

政治理論や象徴的な意味においては、王を倒すことが父親の支配に抵抗することにもなった。啓蒙期には、社会的、政治的制度が疑問視され、長期間にわたって王権への攻撃が続けられたが、このことは、広範に展開された啓蒙期の重要な要素となった。一八世紀には、流通が増加した新聞や雑誌だけではなく、ヨーロッパの各都市で繁栄した私的なサロンや公共空間に設置されたカフェにおいて、自らを国際的な「学問の共和国」[2]の住人であると述べた思想家や作家たちが、日常生活の問題に科学的発見や哲学的理念を当てはめていた。新しい理念は、しばしば宗教的権威を批判し、その権威から逃れようとした。啓蒙期の著作家は、人間の社会的、政治的関係における新しい範例を探していた。聖書に基づいた議論（例えばルターが宗教改革の際に行ったように）の代わりに、彼らは「自然」や「自然の法則」に目を向けた。啓蒙期に精査と議論の対象となった多くの社会システムおよび政治システムの中で特に注目されたのは、政治体制である絶対君主政と家父長制であった。驚くべきことに、啓蒙期の著名な政治思想家の中では、しばしばこの二つの領域は結びつけられていたのである。

例えば、モンテスキュー男爵は『法の精神』（一七四八年）と題する著作を出版した。彼は、〔三つの〕政体の比較分析を用いて、父権による家族支配と重ね合わせて王権を正当化することに疑義を唱えるだけではなく、フランス王家による絶対王政を批判した。モンテスキューは、王権が父権の「自然な」力を反映するものとして正当化可能だとする見解に異論を唱えた。モンテスキューによれば、

> ある人々は考えた、自然は父権を打ち樹てたのであるから、唯一人の統治は最も自然にかなったものであると。しかし父権の例は何の証明にもならない。何となれば父の権力が唯一人の統治に関連があるとしても、父の死後における兄弟の権力あるいは兄弟の死後における従兄弟〔従兄弟の中の年長者〕の権力は多数者の統治に関連があるから、政治的権力は必然的に多数の家族の結合を包含するのである。
>
> それゆえ自然に最も適した政体とは、その特有の性格が、その政体制定の対象となった民族の性情によりよく調和する政体であるといったほうがよろしい[9]。

その他の啓蒙主義の政治理論家たちは、新しい人間の秩序を模索するための示唆を得ようと、家庭内王国、すなわち家族という王国に目を向けた。二つの王国には明らかに性別が反映されており、公

の王国は男性的に、家庭内王国は女性的に描かれた。高潔なヒロインや自己犠牲的な母親として女性を描き、家族生活を個人的な充足感を満たすものとして描くという新しい手法が、書物や絵画で用いられ、普及し始めた。特に母親としての役割を持つ女性たちは、子どもたちに道徳的影響を与えることから、個人的、集団的な進歩を保証する存在として、小説や書物に描かれ始めた。

フランス啓蒙主義の哲学者ジャン゠ジャック・ルソーは、様々なジャンルの著作で、女性と家族生活に関する理論を発表した。彼は「自然法」違反として専制君主政を批判した『社会契約論』などの政治理論に関する影響力の大きな著作を執筆する一方で、『エミール』という人気を博した物語も執筆した。『エミール』は、王宮や首都の腐敗した貴族的な生活よりも、家庭における美徳を「自然」なものとして無邪気に称揚するものであった。ルソーは、女性的な家庭内空間と男性的な公共空間とを明確かつ補完的に対比させた。

女と男はたがいに相手のためになるように生まれついているが、相互の依存状態は同等ではない……わたしたちは女なしでも生きていけるかもしれないが、女がわたしたちなしで生きていくのはもっとむずかしい。女が必要なものを手に入れるには、その本来の状態におかれるには、わたしたちがそれを女にあたえることが、それをあたえる気になることが、女にそうしてやるだけの値打ちがあると評価することが必要なのだ……自然の掟そのものによって、女は、自分の利害も、子どもの利害も、男の判断に左右される……

男と女とは……同じように作られてはいないし、同じように作られるべきでもないということが証明されれば、男と女とは同じ教育を受けるべきではないということになる……男の子は動きと音を求める。太鼓、こま、おもちゃの馬車などを好む。女の子はむしろ目を喜ばせるもの、飾りになるものを好む……お人形遊びは女性に特有の遊びだ……そして、じっさい、女の子というものは、ほとんどみんな、読み書きを学ぶのをいやがるが、針を持つことは、かならず喜んで学ぶ……抽象的、理論的な真理の探求、諸科学の原理、公理の探求、観念を一般化するようなことはすべて、女性の領分にはない(10)。

彼には何千人もの女性ファンがおり、多くの女性読者がルソーの著作を愛読した。なぜならば、たとえ彼が女性たちを家庭に閉じ込めようとしていたとしても、それと同時に彼は、母親業と家事を道徳的な重みと重要性を持つものとして、女性たちに説いていたからであった。女性は家にいるのが「自然である」というルソーの思い込みは、市民権に関する啓蒙思想に深い矛盾をもたらした。これらの思想は、フランス革命の際に前面的に主張されたが、一七八九年の革命が起こる前から、家族内の権力と政治的支配を結びつけることへの批判がすでに議論され始めていた。

フランス国王による専制政治を改革しようとする動きは、一七八九年に始まったが、すぐに絶対君主政を完全に否定する方向へと展開した。ルイ一六世と女王マリー・アントワネットは一七九二年に処刑され、フランスは共和国、すなわち王室ではなくフランス国民の代表によって統治される国家と

中産階級家族の肖像画

（フリードリヒ・ヴェルヘイム・ドッペルマイヤー，1830年）
この絵のような自宅をモチーフにした中産階級家族の肖像画は，19世紀初頭にかけて数多く描かれた。中産階級家族は，子孫に向けて自分たちの家と生活を記録し，家族の姿を残す目的で，これらの絵画の制作を依頼した（bpk, Berlin/Germanisches Nationalmuseum/Photo: Lutz Braun/Art Resource, NY/*The Family,* p. 86）。

なることを宣言した。他のヨーロッパ王朝は、最終的にフランス共和国に対抗して軍事同盟を形成し、一八一五年にフランスが王政復古するまで、ヨーロッパ各地でフランスとの戦いが続いた。

一七八九年から一八一五年の間に、家族関係と政治的関係の双方が、フランスだけではなく、各国で疑義と議論の的となった[11]。家父長制の原理に基づく王位の継承を廃止したことで、政治的権威はどのようにして正当化されるのだろうか。国王を打倒したことは、家族における父権にどのような影響を与えたのだろうか。これはまたジェンダーや世代間の関係に対してどのような影響を与えたのだろうか。自由、平等、友愛という革命の原則は、兄弟の間柄のようなより平等主義的な関係が、君主政に内在する父と子の不平等な関係に取って代わることを示唆したが、姉妹や妻についてはどうなのだろうか。

市民権についての新しい、そしてしばしば矛盾する定義が現れるのは時間の問題であった。一七九一年に、憲法制定国民議会は、能動市民、すなわち〔二五歳以上のフランス在住のフランス国民で〕年間三労働日賃金相当の直接税を納めた男性による議員選挙を行うことを決めた。このことによって、政治的な権限を与えられた国民を大幅に拡大することとなったが、それでも、フランスの成人男性の半数と全ての女性の選挙権は未だ剝奪されたままであった。[3] 奴隷制は、一七九一年にフランス本国と植民地で廃止されたが、解放奴隷に、正式な市民権が与えられることはなかった。とはいえ、貧民男性、女性、元奴隷は、政治的なデモや、政治クラブ、民兵に参加することによって、さらには革命への支持を意味する赤い「自由の帽子」〔共和政と自由のシンボルとして着用された三角帽子〕を着用するなどして彼らの権利を主張した。

王家の父を打倒したことは、国内の民衆による反乱の引き金となった。女優オランプ・ド・グージュは、革命の主要なマニフェストであった「人（man）および市民の権利宣言〔人権宣言〕」に女性が含まれていないことを批判して、大胆にも女性を含めた形で書き直した人権宣言を発表した。[4] 彼女はその中で「人（man）は自由、かつ、権利において平等のものとして生まれ、生存する〔第一条〕」という箇所を、「女性は自由のものとして生まれ、かつ、権利において男性と平等なものとして生存する」と書き換えた。[12]

革命に触発されたイギリス人女性、メアリ・ウルストンクラフトは、パリで起こっている出来事を自分の目で見るために同地を訪れた。彼女は、一七九二年に『女性の権利の擁護』を著した。著書の中で彼女は、革命によってどのようにして、ジェンダーと家族内の権力関係をめぐる啓蒙主義的理想をより急進的なものへと変えていく機会が与えられたのかについて論じている。ウルストンクラフトは、ルソーの見解を直接引用しながら、ジェンダーと権力関係に関して、ルソーとは異なる考えを示した。

著者［すなわち『エミール』においてルソー］が……「女性を男性のように教育してみよ。女性が男性に似れば似る程、女性は男性に権力を振るえなくなるであろう」と述べる時、われわれは教育の体系というものをどう考えるべきだろうか？　これこそ、まさに私が目指す点である。私は、女性が男性に対して権力を振るうことを望まない。私は、女性が自分自身に対して権力を持つことを望むのだ……女性をして合理的な人間、そして自由な市民たらしめよ。そうすれば、女性は、すみやかに良き妻、良き母になるだろう(13)。

ド・グージュやウルストンクラフトといった作家が主張したにもかかわらず、革命期の議会によって、女性に市民権が付与されることは決してなかった。しかし家族法は様々な点から改革された。それは、家族内部の不平等と国内の専制政治に対する女性の不満に対処するためであった。相続に関して、息子と娘に平等の権利が与えられた。さらには嫡出子と非嫡出子の区別が廃止された。結婚は宗教的な誓約ではなく、民事的な契約となった。離婚は様々な理由で可能となり、夫からの申し立てだけではなく、妻からの申し立てによっても認められるようになった。男性よりもはるかに多くの女性が、新しい法律を利用して、時に虐待さえ受けるような耐え難い関係から救い出された。このことは、公的領域においては女性に対する制限は全て維持されたのに対して、少なくとも一時的には、革命が私的領域に変革をもたらしたことを示唆している。(14)

革命の初期段階では、君主政の打倒が新しい家族秩序の形成を促したが、しかしその後の展開とその最終的な敗北によって、政治生活の民主化と並行する形である程度は進み始めていた家族の民主化に対する反発が生じた。この揺り戻しが法的にも象徴としても、最も目に見える形で実施されたのは、革命の結果、権力を握り、新しい方向へと導こうとしたナポレオンの統治体制においてであった。一七九〇年代の間に、脆弱なフランス第一共和政は崩壊した。ナポレオンが、彼の統治に反発する国内の反乱者を弾圧したために、支持者たちは次第に彼から離れていった。政府は人気を維持し、財政を立て直すために外国と戦争を行い、征服し続けた。これらのことは、一七九九年にナポレオンのクーデターで得た人気をもとに、軍事的成功に基づく文民政府から軍事独裁政権へと転換するまでの短期間で行われたことであった。

フランス革命は、その意図も目的も全て、ナポレオンに乗っ取られる形で終わりを迎えた。初期の改革の多くが取り消された。ナポレオンは、最終的に、自らを皇帝と称したが、その用語には政治的にも象徴的にも父親の支配権を取り戻すという意味が込められていた。彼はフランス帝政の法律［『ナポレオン法典』］を成文化した。このことは、彼が恣意的な統治ではなく、憲法に基づく統治を望んでいたことを意味している。しかしながら、彼は革命期の重要な改革、とりわけ結婚と離婚に関わる改革を破棄した。ナポレオン政権後のフランスでは、妻は夫から独立した形で法的立場を獲得し、活動することはできなかった。さらに子どもに対する父権もまた、強化された。『ナポレオン法典』は、離婚法において、妻と夫との間に明確な不平等をもたらした。男性は姦通を理由に妻に離婚を申し立てることができたが、妻は夫が姦通していたとしても、実際に夫が愛人を自宅に連れてこない限り、これを理由に夫を訴えることはできなかった。その一方で、革命の初期段階にあった平等主義的な主張の多くが取り消されても、君主政を打倒したという記憶は、ヨーロッパやその他の地域における、君主政に対する反乱の手本となった。さらにはその複雑さにもかかわらず、革命がもたらした人権を普遍的なものとして語る主張は、公と私両方に対する専制的な権力の介入を批判する根拠として呼び戻され続けることになる。

ヨーロッパの「二重革命」、すなわち産業革命と市民革命は、家族に大きな変化をもたらした。近代には世界中のあらゆる場所で、工業化と政治的大変動が様々な形で進行したが、それらは家族生活にも影響を与えた。工業化が最初にイングランド、そしてヨーロッパで起こったという事実は、世界中の他の地域の歴史を変容させた。

◆中国革命とナショナリズム

中国では、一九世紀後半に、ヨーロッパ人による帝国主義的事業を契機として近代的な工業化が起こった。一八四〇年のアヘン戦争を皮切りに、清朝統治下の中国は、西側勢力との戦いで敗北し続けた結果、中国は経済的、政治的権利を外国人に与える条約を結ばざるを得なくなった。一九世紀末までに、中国の知識人や役人たちは、西側諸国と競争するためには、近代科学と工業技術を用いる必要性を確信するようになったが、その際、中国の「本質」と彼らが呼ぶものを失わずに、これを達成するためには何が最も良い方法なのかを議論した。

こうした動きは、一八九八年のいわゆる百日維新と呼ばれる改革をもたらした。一八七五年から一九〇八年まで帝位についた清朝皇帝（三歳で帝位についた一一代光緒帝）は、政治改革の提案を求めていた。改革派は、教育制度の改革、産業と軍への巨額の投資、立憲君主政の創設を提案した。とりわけ最後の提案は、若い皇帝と西太后が目指す方向よりもさらに先を行くものだった（西太后は、皇帝の叔母にあたるが、養母でもあった。彼女は一八六一年から彼女が亡くなる一九〇八年まで清朝の政治において、影で重要な役割を果たした）。しかしながら、改革の中心人物の一部が逮捕・処刑されたために、その後に影響を与えた改革の結果は、北京大学の設立だけだった。これらの政治改革運動が失敗に終わった後、清朝の政権担当能力が限界に達しており、王朝自体にはもはや改革する力はないことが明らかとなった。

国内在住者だけではなく海外に住む中国人の間でも、革命的な思想が広まり始めた。清朝に対する多くの告発がなされたが、その中には、彼らが「中国人」ではないために、王朝の利益を中国国民の利益よりも優先したとするものもあった（清朝の一族は、もともと北部の満州に住む半遊牧民であり、一六四四年に中国支配を開始した)。若き革命家、鄒容(すうよう)は小冊子『革命軍』(一九〇三年)において、中国が直面している問題は明らかに民族的なものだと主張した。

国内では、我々は満州人の奴隷であり、彼らの専制政治に苦しめられている。対外的には、我々は〔西側〕諸国によって嫌がらせを受けており、二重の奴隷状態に置かれている。黄帝の子孫である神聖な漢民族である我々が、革命的な独立を支持すべき理由は、我が民族が根絶して滅びるかどうかという問題がまさに生じているからである(15)。

鄒容は、この著作を出版した二年後に獄中死したが、彼の『革命軍』は、外国の帝国主義への批判と外国人と認識された清朝に反旗を翻すことによって勢いづいた新しいナショナリズムの推進に、多大な影響を及ぼした。鄒容は、もともと皇帝の血筋は漢民族であり、神話に出てくる同じ人物を祖先に持っていたのだから、漢民族は皆家族であり、血縁関係があると主張した。この血縁による関係性は、二〇世紀初頭の中国ナショナリズムを構築するにあたって重要なものとなった。

二〇世紀の最初の一〇年間は、清朝に対する反乱がことごとく失敗に終わった。しかし一九一一年に武漢で起きた武昌蜂起が成功した後、軍が反乱を起こし、清王朝は事実上崩壊した。軍でさえ、清朝を守るために戦おうとはしなかった。革命軍は、満州人による支配に反対することで一体化した。しかし王朝崩壊後、中国が進むべき道をめぐって分裂した。結果として生じた内戦は、一九四九年に、中国本土が中華人民共和国として共産主義の統治下で再び統一されるまで続いた。この革命の時代を通じて、家族は中国の未来をめぐる議論の中核に置かれた。ある者たちは、これまでの中国の良き姿が詰まった場所として家族をみなした。対照的に、多くの革命家たちは、中国に内在する問題が家族関係に起因していると捉え、近代化した中国の未来のためには家族関係を変革する必要があるという考えに至った。

その未来には政治的近代化と経済的近代化の両方が含まれていた。二〇世紀初頭に初めて登場した近代的な工場は、かつてないほどの数の女性労働者を家から連れ出した。当初、工場労働者として募集されたのは、主として田舎に住む若い女性たちであった。ヨーロッパと同様に、若い女性は手先が器用で従順であると考えられていたために、理想的な繊維産業労働者とみなされたのである。一部の地域では、工場労働の斡旋人が頻繁に農村を訪れ、一四歳から一八歳までの少女たちを工場で働かせるために連れて行った。斡旋人は、その際、娘たちを労働者として連れていく対価として家族にまとまったお金を支払った。

場合によっては、少女たちは斡旋人の家族と暮らすこともあったが、多くの場合、寮に入れられ、寮への出入り（そして貞操）が厳重に管理された。彼女たちの賃金は、通常、農村にいる家族に送られた。女性は結婚すると工場労働を辞めるのが一般的であったため、娘たちの結婚を遅らせることは家族にとって有益なことであった。というのも、たとえ彼女が働き続けたとしても、結婚後は、彼女の給料は農村に住む実家ではなく、夫の家族のものになってしまうからであった。それでもほとんどの若い女性が最終的には結婚した。その結婚のほとんどが従来通り、両親が決めたものであった。女性労働者の地理的な移動を促進する工場労働が、中国の家族生活に影響を与える新たな要素の一つとなったことは明らかである。しかしそのことによって家族生活が根本的に変化したということはなかった。すなわち娘の収入は、依然として家計に組み込まれ、親はこれまで通り、結婚における決定権を握っていた。実際、多くの女性工場労働者は、結婚相手を自由に選択すること（当時、政治改革者たちが主張していたことであるが）を、むしろ恥辱と捉えていた(16)。一九二〇年代後半に、社会学を専攻する学生であった楊美珍（やんめいちぇん）は、女性労働者へのインタビューを実施したが、彼女は、若い女性たちが「自由結婚、すなわち女性と男性が自分たちの意思で婚約することを不名誉なことだと考えていた」と報告している(17)。

貧しい農村の少女たちが、近代化された中国の諸都市、とりわけ上海で労働力となっていたちょうどそのころ、上海や中国のその他の場所にいた改革者や商業関係者は、中国が近代社会において新しい役割を果たすことができるようにもっと良い立場を手に入れるためには、新興の中産階級を再編すべきであると主張し、その方法をめぐって議論していた。以前の中国では、数世代がともに住む世帯を理想としていた。さらに富裕層の男性が、妻に加えて愛人を持つことは珍しいことではなかった。しかし、二〇世紀初頭の改革派の目には、この伝統的な家族制度がまさに問題であり、西側と比べたときに見えてくる中国の欠点の原因と映った。年長者が若者を支配し、男性が女性を支配する。こうした家父長制の慣習と内縁関係を、腐敗した古き時代の残骸とみなす改革者たちは、これらの慣習を強く批判するようになった。

一九一九年五月四日のヴェルサイユ条約の条項に対する反対運動から始まった、いわゆる五・四運動は、家族と政治の問題を前面に押し出す形で展開された。この運動はまず、北京大学の学生たちの間で始まり、他の都市の学生や労働者に広がっていった。五・四運動において行われた中国社会に関する分析では、儒教が中国に問題を生じさせている根本原因であると主張され、とりわけ家族と社会階層の厳格な序列が諸悪の根源であると断言された。

運動を主導し、中国共産党の創設者の一人であった陳独秀（ちんどくしゅう）は、家族に対する儒教の教えが、現代の政治意識の高揚を阻害したと述べ、その状況について説明した。すなわち「親孝行をすべし、あるいは父親の死後、三年経っても父親のやり方から外れないような従順な息子であれという儒教の教えに人々が縛られ、女性が夫や父親だけではなく、息子にも従う状況の中で、どうすれば人々は自ら政党を結成し、自身の選択をすることができるのか[18]」。若者を儒教の教えから解き放ち、女性を父権から解放することは、この運動の中核であった。さらに五・四運動では、中国における科学の発展と民主主義の促進が主張された。多くの若い女性を含む、傑出した若者（主導者の多くが学生）の存在が、家庭と政治領域両方において、家父長制の権威を撃ち壊す象徴となった。

人々が古い家族制度の破棄を求めて声をあげていた状況の中で、商業関係者と政治改革者双方によって、新しい家族形態が生み出されつつあった。酪農関係の事業家であった尤懐高（ゆうかいこう）は『家庭星期』（一九三六年）という雑誌を出版した。その目的は、もちろん乳製品の需要増加を狙ってのことであったが、それだけではなかった。彼は、西洋の核家族を意味する「小家族」が、「新しい時代にふさわしい家族形態」であると主張した[19]。尤の考えによると、近代家族は、お互いを選んだ夫婦が形成する家族であり、一夫一婦制であった。彼らは近代的な商業製品を消費し、消費者として商業経済に参加した。このような家族は、大衆向けの新聞に、政治的には進歩的であり、経済的には有益な存在として描かれた。雑誌には、中国人家族が近代的な生活を送るために必要な石鹼や薬などの広告があふれていた。さらに近代性と西洋的であることの結びつきを可視化する、近代的な生活空間を写した写真が掲載された。

しかし、新しい「小家族」が西洋の家族を模したものに見えるという事実こそが、懸念と反動をもたらした。西洋の製品や思想が流入したことで、反西洋思想が巻き起こり、中国製品を購入するよう促す運動へとつながった。新しい消費ナショナリズムと結びつけられた自国製品の購買運動は、家族の購買力に直結していた。

自国製品への購買熱は、玩具にも（とりわけ玩具にと言ったほうがいいかもしれないが）及んでいた。というのも、玩具は将来の国民となる子どもたちにとって重要なものだったからである。一九二〇年代初頭に制作された映画の中で、人気を博した『小玩意』（小さな玩具、一九三三年）[5]は、政治、消費、社会階級、都市と農村の関係性がどのように絡み合っていたかを描いたものである。昔ながらの玩具を手作りする主人公の女性は、次のように述べた。「これらの外国製のおもちゃはすべて、大きな工場で機械によってあっという間に出来ちゃうの。都市に住む裕福な子どもたちは皆、そうした軍艦や飛行機で遊んでいるわ。そのことにがっかりするべきかしら。いいえ。私たちはうなだれていないで顔を上げて、前を向くべきよ」。映画の後半で、この主人公は外国製の玩具で育った都市在住の子どもが、将来、外国人と戦うことができるのかを疑問に思い、家庭で学ぶ子どもの政治感覚に対する懸念をはっきりと示した[20]。

玲瓏圖畫雜誌　第一卷　第一期

現代家庭陳設
應有之改革
（清雪梁）

梁雪清女士精丹青爲文華圖畫雜誌編輯

各時之藝術，乃由各時代之人物運用其思想而產生的，我們秦漢之老祖宗，有胆最將夏商周之藝術改革，唐宋之人，又能將前朝之藝術推翻，難道我們就應該一味泥古，而不許有所創作麼？陰深深，暗沉沉，森嚴萬象之舊式家庭陳設，乃應當時之求來，而適足配肅靜迴避高脚牌的尊嚴，我們現在既向平等自由之途徑求新生活！則室中一椅一棹之設置，縱不能在前領導我們之思想活潑，最低限度亦不容再許一般呆板之裝飾來約束我們之觀念自由！此室裝飾清新簡潔，吾甚愛一洗前此之沉鬱陰森之氣，

▲現代家庭之陳設▼

一四

女性誌『玲瓏（りんろん）』の創刊号に掲載された「現代家庭の家具」の記事（上海，1931年）
この記事では，近代的な人々は，近代的なものに囲まれて暮らすことが大事であると述べられており，その方法が書かれている。例えば，写真を見ると，近代的なデザインの西洋風の家具を備えた近代的な部屋が掲載されている（*Linglong*（『玲瓏』）Vol. 1, No. 1, 1931, p. 14. Columbia University Libraries/*The Family,* p. 93）。

内戦と革命のあらゆる陣営が、家族と家庭生活を変化が歓迎されているか否かにかかわらず、変化の支柱、すなわち未来が出現する空間とみなした。経済と政治の「二重革命」は世界各地で見られたが、その様相はかなり異なるものであった。しかしそれらはどの地域でも家族の変容と結びついていたのである。

＊　＊　＊

注

（1）Anna Altmann, "Blätter und Blüten" [Leaves and Blossoms], in *Gedenkbuch: 20 Jahre österreichische Arbeiterinnenbewegung*, edited by Adelheid Popp（Vienna, 1912）, pp. 23-35. Translated by Mary Jo Maynes.

（2）Maxine Berg, "What Difference did Women's Work Make to the Industrial Revolution?" in *Women's Work: The English Experience, 1650-1914*, edited by Pamela Sharpe（London: Arnold, 1998）, p. 161.

（3）Tom Hunt, *Portrait of an Industrial Village and Its Cotton Industry*（Dublin and Portland, OR: Irish Academic Press, 2000）, pp. 59-61.

（4）Edward J. Watherston, "French Silk Manufactures, and the Industrial Employment of Women," *Good Words* 20（1879）, p. 110.

（5）Friedrich Engels, *The Condition of the Working-Class in England in 1844*（London: Swan

Sonnenschein & Co., 1892), p. 108; Project Gutenberg, http://www.gutenberg.org/files/17306/17306-h/17306-h.htm（二〇一一年一〇月一日閲覧）.〔エンゲルス著、大内兵衛・細川嘉六監訳「イギリスにおける労働者階級の状態——著者自身の観察および確実な文献による」『マルクス・エンゲルス全集』第二巻、大月書店、一九八〇年、三四〇頁をもとに、一部修正しつつ訳出した〕

（6） Ibid.〔エンゲルス「イギリスにおける労働者階級の状態」『マルクス・エンゲルス全集』二七五頁〕

（7） These records are discussed in Bonnie Smith, *Ladies of the Leisure Class: The Bourgeoises of Northern France in the Nineteenth Century* (Princeton: Princeton University Press, 1981), p. 64.〔ボニー・G・スミス著、井上堯裕・飯泉千種訳『有閑階級の女性たち——フランスブルジョア女性の心象世界』法政大学出版局、一九九四年、七一頁〕

（8） Mary Jo Maynes, *Taking the Hard Road: Life Course in French and German Workers' Autobiographies in the Era of Industrialization* (Chapel Hill: The University of North Carolina Press, 1995), pp. 74-75 から引用。

（9） Charles de Secondat, Baron de Montesquieu, *The Spirit of Laws*, translated by Thomas Nugent, revised by J. V. Prichard (London: G. Bell & Sons, 1914), Vol. I, p. 6.〔モンテスキュー著、根岸国孝訳『法の精神』河出書房新社、二〇〇五年、四〇〜四一頁〕

（10） Jean-Jacques Rousseau, *Emile*, Women in World History Curriculum, http://www.womeninworldhistory.com/lesson16.html（二〇一一年一〇月一日閲覧）から抜粋。〔ルソー著、今野一雄訳『エミール』下、岩波書店、二〇一二年（初版一九六四年）、二四、二五頁（前半の段落）、二〇、三三、三四、八七頁（後半の段落）〕

（11） Lynn Hunt, *The Family Romance of the French Revolution* (Berkeley, CA: University of California

Press, 1992）を参照。

（12） Olympe de Gouges, "Declaration of the Rights of Woman," in *The French Revolution and Human Rights: A Brief Documentary History,* translated, edited, and with an introduction by Lynn Hunt（Boston/New York: Bedford/St. Martin's, 1996）, pp. 124-129. http://chnm.gmu.edu/revolution/d/293/ からダウンロードした。〔ここでの訳は、オリヴィエ・ブラン著、辻村みよ子訳『女の人権宣言――フランス革命とオランプ・ドゥ・グージュの生涯』岩波書店、一九九五年、二三八頁に倣った〕

（13） Mary Wollstonecraft, *A Vindication of the Rights of Woman: with Strictures on Political and Moral Subjects,* London: Joseph Johnson, 1792.〔メアリ・ウルストンクラフト著、白井堯子訳『女性の権利の擁護』未來社、一九九三年（初版一九八〇年）一六九、一一一、三三一頁〕

（14） Suzanne Desan, *The Family on Trial in Revolutionary France*（Berkeley and Los Angeles: University of California Press, 2004）を参照。

（15） Jonathan Spence, *The Search for Modern China*（New York: Norton, 1990）, p. 236 から引用し、翻訳した。

（16） Emily Honig, *Sisters and Strangers: Women in the Shanghai Cotton Mills*（Stanford: Stanford University Press, 1992）.

（17） Honig, p. 185.

（18） Mary E. Wiesner, *Discovering the Global Past:* a Look at the Evidence, vol. II （Boston: Houghton Mifflin, 2007）, p. 86.

（19） Susan Glosser, *Chinese Visions of Family and State, 1915-1953*（Berkeley: University of California Press 2003）, p. 149.

(20) Susan Fernsebner, "A People's Playthings: Toys, Childhood and Chinese Identity, 1909-33," *Postcolonial Studies* 6 (2003), pp. 269-270.

訳注

〔1〕よこ糸を巻いた杼が自動的にたて糸の間を往復して布を織る装置。織にかかる時間を大幅に短縮し、幅の広い織物を織ることを可能にした。

〔2〕歴史学では「文芸共和国」と訳すことが多いが、ボーツ／ヴァケ著、池端次郎・田村滋男訳『学問の共和国』知泉書館、二〇一五年に倣い、「学問の共和国」という訳語をあてた。

〔3〕この能動市民に限定された制限選挙によって、選挙権を持つ人が増加することはなかったといわれている。一七九二年八月に採択された「国民公会召集の形態に関するデクレ」の第二条で、能動市民と非能動市民の区別が廃止され、有権者数は約七〇〇万人に拡大した。しかし結果的には労働者層の投票率は低く、名望家の支配体制が続いたとされる。一七九三年憲法においても、規定の直接税を支払えるだけの富を持つ男性に限られた制限選挙制度が維持され、女性は相変わらず主権あるいは市民権の主体から排除されていた。

〔4〕一七九一年にオランプ・ド・グージュが発表した「女性および女性市民の権利宣言」のこと。一七八九年に出された「人および市民の権利宣言」に倣って、一七条からなっており、「自然と理性」に基づいた両性間の市民的平等を訴えている。

〔5〕日本では『おもちゃ』として知られる無声映画。監督・脚本は孫瑜（そんゆ）。玩具作りで生計を立て、貧しいながらも幸福に暮らす一家が、日本による侵略開始によって村を追われ、様々な悲劇に見舞われながら生きる姿が描かれている。蘇州の寒村の伝統的な玩具作りと、上海近郊の近代的工場とが対比的に映し出されている。

第7章　生と死の力——国家による人口管理政策時代の家族（一八八〇年〜現在）

◆「バイオポリティクス」の始まり

一九三五年に、七人の子どもを持つドイツ人農婦、マチルダ・Mは、彼女を「精神薄弱」だと主張する主治医の申告によって、遺伝健康裁判所で尋問を受けた。この裁判所は、一九三三年に可決した新法、遺伝病子孫防止法を施行するために、ナチ政権が設置したものであった(1)。この法律は次のことを規定した。「遺伝性疾患者は、医学的な知識と経験によって、その子孫が重度の身体的あるいは精神的な遺伝上の損傷に苦しむ可能性が高い場合、外科手術によって断種されうる」。マチルダの主治医は、法律に基づいて彼女を断種すべきだと考えた(1)。

この裁判所に出頭したマチルダは主治医の判断に反論した。その中で彼女は、これ以上子どもを望まないことに同意したが、家族生活に国家が介入することを批判し、自分が精神的な欠陥を抱えていると判断されたことに異議を唱えた。「もちろん、私は利息の計算を問う質問には答えられません。一〇〇人の女性のうち、九〇人はこの問題に答えることができないでしょう……子どもたちと三〇エーカーの土地、そして家畜とともに朝から深夜まで休みなく働いているので、一日のうち、読書などをする時間なんてありません」[2]。マチルダの反論は、最終的に聞き入れられ、彼女は断種を免れた。しかし全ての者にそのような幸運が訪れたわけではなかった。法律が可決した一九三三年からナチ政権が崩壊した一九四五年までの間に、三六万人のドイツ人男性と女性が断種された。彼らは人口管理を目的とする極めて残忍な国家政策の標的となったが、しかし国家が家族政策を実行する権利と責任を持つとする考え方は、新しく生み出されたものではなかった[3]。

ヨーロッパの為政者たちは、一七世紀にはすでに国土の住人を「人口」として考え始めていたが、そこには様々な目的があった。人口増加と再生産は国家政策の焦点となった。ヨーロッパ中の政府が、一九世紀までに国勢調査やセンサスといった人口動態を把握するための手法を導入した。政治理論家や歴史家は、これらの発展を、日常的に国家が人々の生活を監視し、測定し、管理する「バイオポリティクス」の始まりと解釈した。二〇世紀末までに、人口を監視し、管理することは、世界中の近代国家の指針となった。

家族は、あらゆる場所で様々な国家政策によって規定された。その政策には、結婚に関する法律、税制上の優遇措置、社会保障やその他の福祉政策、避妊法、育児支援、教育支援、ジェンダーや人種に関する法律などが含まれていた。近代国家の中には、より残忍な道へと突き進んだ国もあり、ナチ政権による断種法のように、望ましくないという理由や値しないという理由で人口を排除し、虐殺に向かう残虐な政策をも実行する国さえあった。

近代的な福祉国家政策の多くが、一九世紀後半に展開された活動や政策に由来していた。その一部は上から行われた。例えば、一八八三年にドイツのオットー・フォン・ビスマルク首相は、労働者向けの疾病保険を義務化することを提案した。この施策は、病気や怪我の程度によって保険料が与えられるため、労働者の間で人気となったが、社会主義者の批判を抑えて労働者を取り込もうとする政治的な理由から考案されたものであった。政府による福祉政策を実現させるための活動の中には、下から行われたものもあった。例えば、イギリスでは、貧しい母親を支えるための国庫補助金支給を求める女性協同組合ギルド[2]の運動を支援して、一九一三年から一九一四年に多くの労働者階級女性がギルドに手紙を書き送った。このギルドが受け取った手紙には、貧しい女性たちが頻繁に妊娠を繰り返している一方で、ごくわずかな収入しか得られないために、食料と医療を確保できずに苦しい生活を強いられたという苦難の物語が繰り返し書かれていた。ある手紙の送り主（本人の名前はギルドによって伏せられた）は、彼女が初めて子どもを産んだ際、瀕死の状態になったときのことを書いている。このとき、医者は彼女に、「働きすぎて、十分な休息を取っていなかったからだ」と告げた。手紙の中で彼女は、「子どもは国家の財産であり、母親はその支柱である」と論じ、出産の際に、貧しい母親が子どもと自分のために食べ物を確保し、子どもだけではなく母親自身も世話を受けることができるように、出産給付金の支給を求めた[4]。

◆アフリカにおける植民地支配と人種

ヨーロッパの各国政府は、国内だけではなく植民地においても人口問題に対応した。そもそも植民地を獲得する動機の中には、ヨーロッパの「余剰」人口の再定住先、すなわち失業者が仕事を、未婚女性が夫を、土地を持たないものが土地を見つけられる場所を確保することが含まれていた。イギリス帝国主義の拡大を擁護するセシル・ローズ(3)は、一八九〇年代に、植民地がイギリス国内の社会問題を解決する鍵となると述べ、次のように主張した。「イギリスに住む四〇〇〇万人の人々を血生臭い内戦から救うために、我々の植民地総督府は余剰人口の移住先となり、彼らが生産する製品を扱う新しい市場を確保するための新しい土地を獲得しなければならない(5)」。入植者は、イギリス、フランス、ドイツを含むヨーロッパ各地から、アフリカ、南アジア、東南アジア、南北アメリカ、オーストラリアの植民地へと自ら移住するか、場合によっては強制的に移送された。植民地の人口管理と家族政策は、ヨーロッパ本国における人口管理と連動していたのである。

植民地の総督たちは、家族的な比喩を用いて彼らの植民地支配を正当化した。彼らは、植民地の人々を、自律し成熟した大人へと成長するために教育と啓蒙的指導が必要な子どものように扱った。子どもたちが十分な発達を遂げれば成熟した市民になる、という論理である。例えば、フランス語を話せるようになり、フランスの法律を遵守することを学んだフランス植民地に住むアフリカ系住民は、「肌の色に関係なく、完全な権利を有するフランス市民の家族に含まれる」とした。ヨーロッパの人々はまた、ジェンダー関係に対する認識を文明化の指標として用いた。例えば、ある植民地在住者は、イスラーム文化において女性が男性にひどく従順であることを「イスラーム教の道徳的疾患」[4]と表現したが、そのフランス人はこれをアルジェリアの文化的後進性を示すものと主張し、アルジェリアにおいて彼らが「文明化の使命」を果たすことを正当化する根拠とした。フランス人女性が、男性と法的な平等性を持たなかった（とりわけ、一九四五年まで投票権が認められていなかった）ことを考えると、この主張は矛盾したものであり、偽善的ともいえるものだった。[6]

植民地で実際にみられた家族関係、性的な関係、そしてジェンダー関係は、植民地支配のあり方を方向づけた。植民地時代の初期には、ヨーロッパ男性と現地女性が性的な関係を築くことはまれではなかった。中には、非ヨーロッパ人の性的パートナーの方がよいと豪語するものもいた。例えば、フランスによる西アフリカ統治が始まったころ、多くの植民地官僚が地元の女性たちを妾にした。ある者は「「我々白人の姉妹」とは違って、常に関心を向けておく必要がなかった」[7]という理由で現地女性を褒め称えた。しかしヨーロッパ各国が一九世紀末から二〇世紀初頭にかけて、植民地においてより強力な政治的権威を確立しようとしたために、こうした非公式の関係を維持することは難しくなった。ヨーロッパの官僚たちは、植民地に赴任する際、次第に妻や家族を伴うようになり、植民地の首都にヨーロッパ的な生活様式を持ち込んだ。このことは、ヨーロッパによる文明化を推し進めるにあたって、中心的な役割を果たすこととなった。

独領南西アフリカ（現ナミビア）では、一八九〇年代から第一次世界大戦が始まる一九一四年までに、本国のドイツ人、入植者、植民地官僚の間で、結婚や非公式の関係が論争の的となったが、この論争は複雑な問題を含んでいた。他の植民地と同様に、初期の男性入植者の中には、アフリカ人女性と関係を持った者もいたが、その中には法的に婚姻関係を結んだ者もいたのである。植民地当局と多くの入植者は、ドイツ人男性とアフリカ人女性から生まれる子どもが、ドイツの市民権または相続権を請求することを恐れた。すなわち多くのドイツ人は、いかなる異人種混交も原則的に認めていなかった（人種の概念は未だ公式には定義されていなかったが）。植民地入植委員会のパウル・ロールバッハは、一九〇四年に異人種混交の危険性について警告した。「道徳、文化、社会秩序、そして国民の幸福に心を配ろうとする感覚が全て失われている。誰かが述べたように、『土着化した〔*verkaffern*〕』人々……〔男性〕は野蛮で粗野で不潔なろくでなしの子どもへと落ちぶれる。経験に照らすと、白人の少女がいないという理由で、多くの若い男性は、現地女性、特に混血児と結婚する傾向にある」[(8)]。

ドイツでは、未婚のドイツ人女性が植民地に移住することを奨励する政治的圧力が高まった。植民地でドイツ人男性と結婚するドイツ人女性は、異人種混交という「問題」を解決する存在とみなされた。とはいうものの、ヨーロッパ人女性との結婚が珍しいことではなくなったとはいえ、全員がこの言い分に同意したわけではなく、多くの植民地にいるヨーロッパ人男性は、慣習法による現地女性との関係を築き続けた。ドイツの植民地当局には受け入れられなかったが、批判的な経済学者であるモーリッツ・ボン〔5〕は、二〇世紀の最初の一〇年間に、「アフリカが劣悪化した主要原因は、白人女性がいなかったことではなく、黒人女性がいたせいである」[(9)]と主張した。

それでも、未婚のドイツ人女性を将来の妻となる人物として移住させる計画は続いた。一八九七年に二人のドイツ人女性を南西アフリカに送り込むことで活動を開始したドイツ植民地協会は、その後、年を追うごとに移住させる女性の人数を増やしていった。植民地総督のテオドール・ロイトヴァインら保守的な植民地男性は、人種的に純血な家族を形成するためには白人女性が必要だと強調した。[10] ロイトヴァインは、エイダ・フォン・リーリエンクローン男爵夫人のような保守的な女性たちによって支援された。彼女らは、植民地に行けば、「ボーア人［オランダ人のルーツを持つ入植者］とカーフィル人［ヨーロッパで南アフリカの先住民を指すときに用いられる言葉］になる危険に確実にさらされる……なぜなら混血という人種の増加によって、そもそもドイツ人なるもの（Germandom）の芽が摘み取られている恐れがあるからだ[11]」という言葉を信じた。一九〇五年に、ドイツ政府は、南西アフリカにおけるドイツ人入植者と現地住民との結婚を禁止した。一九一四年までに、独領植民地に関する種々の協会を通じて、約六〇〇人の未婚のドイツ人女性が南西アフリカに移住した。これらの女性のほとんどが、ドイツ人入植者男性と結婚した。[12]

同様の論争が、フランス植民地でも生じた。仏領西アフリカなどの非入植型の植民地では、一九二〇年代に植民地官僚の妻たちが到着したことで、政府内でも各世帯においても、非公式な関係に基づく帝国時代が終わりを迎えた。権力を持つヨーロッパ人男性と従順な現地女性との間で行われた古い形態の内縁関係および必要に応じて行われた法的な結婚に代わって、主としてヨーロッパの男女間による結婚が増加し、ヨーロッパ人家族と現地人家族の間には厳格な社会的、人種的な区分が引かれることとなった(13)。

入植者のコロニーでは家族問題が激化した。一九世紀後半に、フランスは、北アフリカの仏領アルジェリアに、多くのヨーロッパ人入植者を移住させようとした。ヨーロッパから入植者を引き寄せるために、植民地総督府は財産所有と土地委譲に関わる法律を改正した。このことによって、一九〇一年までに、アルジェリアにおいて、土地持ちのヨーロッパ人入植者が五〇〇万人近くにまで増加した(14)。さらに、フランスや南欧からアルジェリアの各都市に、大量の入植者が移住した。

入植者と現地のアルジェリア人との関係を管理するために、植民地総督府は、結婚、親子関係、ヨーロッパ人雇用者とアルジェリア人労働者との雇用関係、性的関係、出産、そして相続に関する法律を含め、あらゆる家族生活に関与する必要に迫られた。植民地当局は、ヨーロッパ人女性が現地女性にフランスの家族規範を伝えることで、現地女性よりも有利な立場に立ち、植民地支配を支えることを期待した。しかしながら、ヨーロッパの女性たちの多くが、少なくともある部分は植民地に魅力を感じていた。なぜなら植民地の家族規範は、ヨーロッパで女性に制限をかける形で課せられていた財産や遺産相続に関する規範と伝統的な女性役割に対する期待から、女性たちを解放する空間を提供しているように思われたからである。例えば、イザベル・エベラール〔6〕は、一八九七年、二〇歳のときに母親とともにヨーロッパを離れてアルジェリアに移住した。その際、彼女は女性らしい態度や振る舞いをヨーロッパに置いてきた。彼女はすぐに男性の服装、彼女の言葉によれば「ベドウィンの平等主義者の衣装」を身に着けた。そのおかげで彼女は、チュニス〔現 チュニジア共和国の首都〕のアラブ地区を自由に歩き回ることができた。「若いヨーロッパ人女性がよく着るような服装だったら、彼女はそこに入れなかったであろう」。ベドウィン男性の格好をすることで、彼女は性別と人種の両方で引かれていた分断を乗り越えたのであった。この経験から彼女は自由を感じ、植民地やその住人たちと、他の入植者とは全く異なる関係を築くことになった。その姿は、植民地当局が作り出そうとしていたフランスの家族生活の規範となる「文明化の使命」に抗うものと捉えられ、論争の的となった。エベラールは、アルジェリア人女性をフランス人らしくする代わりに、自身がアルジェリア人らしくなろうとしたのであった[15]。

市民権もまた、それ自体が家族関係や家族戦略に大きく関係した。フランス政府は、原則として、フランスではあらゆる人が政治コミュニティの一員になることができると主張した。しかしながら、実際には、家族の系譜や文化的同一性を通じて民族、人種、宗教に基づくカテゴリーが引き継がれたことによって、フランス国家に対する無数の政治的関係性が生み出された。フランス人の両親から生まれた子どもたちは、たとえ彼らが植民地で生まれたとしても、確実にフランスの市民権を獲得した。フランス国民ではなかったとしてもヨーロッパ人であれば移住を奨励する取り組みの一環として、一八八九年にフランス政府は、植民地に定住し、同化した非フランス系ヨーロッパ人を両親に持つ、仏領アルジェリアで生まれた子ども（これらの家族は、主としてイタリア、スペイン、マルタ島出身であった）に、フランスの市民権を与えることを定めた法律を可決した。現地住民の中にも、フランスの市民権を獲得できる者たちがいた。その中には（全員ではなかったが）、子どもにその権利を受け継がせる権利を有する者たちもいた。このカテゴリーには、帰化したアルジェリア系ユダヤ人が含まれており、さらには行動や態度が文化的に十分「進化した」とみなされたアラブ人やベルベル人（多くがイスラーム教徒）も選ばれた。イスラーム法は、フランスの文化に敵対的であるとみなされたために、ベルベル人は全員、家族法を含むイスラーム法に従うことを放棄しなければならなかった。

したがって、家族と人口を管理することは、植民地支配の一部であった。ヨーロッパの植民地はまた、あからさまな人種差別政策の第一歩となる場所であった。アルジェリアと西アフリカでは、人種的用語か民族的用語を用いて人口カテゴリーを定義するような政策もあったし、ヨーロッパからの入植者と現地住民に異なる規定を用いる政策もあった。そうした政策で作られた規定には、事実上、人種による違いが含まれていた。植民地の中には、人種ごとの境界線が固定化されることで、人口の強制移動や、ときには絶滅をも強いる動きが見られる地域もあった。

ドイツ植民地下のアフリカがその一例であった。一九〇四年から一九〇八年まで、独領東アフリカと南西アフリカにおいて、反植民地主義を掲げた抵抗者が残忍な弾圧を受けた。南西アフリカのヘレロ族の六〇～八〇パーセントとナーマ族の四〇～六〇パーセントが、ドイツの軍事行動の結果、あるいは強制移動の結果、死亡した[16]。これらの政策は、二〇世紀に起こった最初のジェノサイドとなった。この冷酷な戦略をめぐっては、ドイツ本国と植民地において当局間の対立を生じさせた。しかしながら、人々を弾圧し、命懸けの強制移動を強いるこの政策は、現地住民を調査し、管理するために各地で広く行われた植民地政策（身元を示すバッジを付けさせ、強制的に居住地に隔離するなど）の極端な事例であり、その一環とみなすことができるものであった。

◆「国民」をめぐる強制的な人口調整

一九二〇年代と一九三〇年代にイタリアとドイツで勢力を拡大したファシスト運動は、破壊的で新しい人口管理の手法を用いた。「ファシスト」という用語は、ベニート・ムッソリーニの指導のもと、一九二二年から一九四三年までイタリアを支配した政党、国家ファシスト党の名前を指している。さらには、同じ時代の別の地域で同様のイデオロギーを持つ政党を指す場合にも、この用語が一般的に用いられるようになった。これらの政党は、集団としての国民あるいは人種を個人よりも重要視し、中央集権的な政府を率いて国民を統合し、国民の名のもとに経済と社会を統制し、反対する者たちを弾圧する強力な指導者を理想とする政治哲学を共有した(17)。イタリアとドイツのファシスト指導者、ムッソリーニとアドルフ・ヒトラーは、国民を生物学的単位、すなわち成長や拡大、あるいは消滅する必要のある物体だと考えた。彼らの政権は、軍事力とそれに必要な経済発展を強調した。しかしさらに重要なことに、彼らは正しい出産を奨励し、人口に不要な集団を無視するか排除するための措置を導入した。

ムッソリーニによるファシズムの定義は、彼らの活動の生物学的側面を明確にした。彼は次のように書いている。「ファシズムにとっては帝国への傾向、すなわち国民の拡大への傾向は生命の表現である。その反対は衰退の印である。上昇する、あるいは再上昇する国民は帝国主義者であり、[帝国主義の」放棄は衰退と死の印である」[18]。ムッソリーニは当初から、活気を取り戻した家族を、彼が描く将来像の基盤であると主張した。国家政策とプロパガンダは、男女の生物学的な差異を強調し、それぞれの性別に応じた国民としてのあり方を求めた。すなわち、男性に対しては軍隊と産業労働における担い手という最も男らしいとされる役割を、そして女性に対しては出産を中心とした最も女性らしいとされる役割を求めたのである。

国家は独身者に税金を課し、同性愛者を処罰する法律を可決した。この方針は、家族の拡大を促すものだった。妊娠中絶と避妊に関する情報の流布は、国家的犯罪となった[19]。イタリアのファシスト国家は、子どもを対象とした家族手当や妊産婦をケアするための健康保険の提供によって母親を支援し

1935年にイタリアで行われたファシストのキャンペーンに関する新聞広告
女性たちが軍備という全国的な大儀のために結婚指輪を差し出すことを奨励している。指輪が軍用ヘルメットの一部になることは，軍を支援するために女性が最も貴重な所持品を犠牲にするよう求められたという事実を生々しく伝えている（"Le Sanzioni," *Domenica del Corriere*, December 18, 1935. Courtesy of the University of Wisconsin Digital Collections Center, *The Family*, p. 102）。

たが、これはある意味、父親の役割を代替するようなものだった。また、父親の代理を務める国家の姿は、象徴的な形でも示された。例えばムッソリーニの再軍備作戦への支持を表明するものとして、結婚指輪を既婚女性に寄付するよう求めたが、それは妻たちに国のためなら結婚指輪を溶かしても構わないと意思表示させることを意味した。[20]これらの政策は、家族を政治化し、かつては家族内で決定していた私的な事柄を国家政策の対象とするものであった。

ドイツでは、国家政策において生物学および生殖に関わる側面が強く強調されたが、それはナチズムが台頭する当初から明らかであった。一九二〇年にミュンヘンで行われた国家社会主義ドイツ労働者党の党大会で、ヒトラーは二五カ条綱領を発表した。その第一条として、「人々の自己決定に基づく大ドイツに住む全てのドイツ人の統一」を主張し、「我々の暮らしを支えるための土地と領土（植民地）および我々の余剰人口のための植民地化」を要求した。綱領ではさらに、「国家公民たりうるのは、民族同胞だけである。民族同胞たりうるのは、信仰の如何を問わず、ドイツ人の血を引くものだけである。ユダヤ人は、それゆえ民族同胞たりえない」[21]と明記された。[7]二五カ条綱領の言葉は、ユダヤ人とドイツ人を明らかに別々の「人種（races）」とみなしていたことを示している。

ナチズムでは、イタリアのファシズムとは異なり、どこの国民であるかを明示する要素として、人種という考え方を入れることが、当初から主張されていた。この独特の人種差別政策が完全に実施されたのは、国家社会主義ドイツ労働者党が政権を握るようになってからであるが、この政権下で人種差別政策はますます侵食的で強制的なものとなった。総統代理であったルドルフ・ヘスは、一九三二年に発表された人間の遺伝に関する著名な著作の中で、遺伝学者フリッツ・レンツの言葉を用いて、ナチズムを「応用生物学」と表現した(22)。ヒトラー政権は、いわゆる北方人種をその理想として掲げ、人種的に異質あるいは生物学的に不適当とみなされた人々を排除して、ドイツ人をまとまった国民共同体に作り上げようとした。これによって、国家は必然的に、結婚や妊娠に関わる決定を含む家族の領域に、かつてないほど深く介入するようになった。

ナチ政権は、人種的にエリートとみなすことのできる人々の出生率を高めたいと考えていた。国家社会主義ドイツ労働者党が一九三三年に権力を掌握したのち、最初に行った政策の一つが、結婚奨励法の制定であった。この法律によって、アーリア人の新婚夫婦は政府から無利子の貸し付けを受けることができ、さらに子どもを産むごとに返済の一部が免除された。一九三四年の演説で、ヒトラーは自身の政策方針において、出産をその中心に置くことを表明した。「我が国では、母親が最も重要な市民である……実際に、国家社会主義女性同盟の活動計画には、一つだけ重要な点がある。それは子どもである。誕生したら強い人間に成長しなければならないこの小さな生き物だけが、生きるための闘いに意味を与えてくれる〔8〕」。

選ばれしアーリア人同士の結婚や出産が奨励される状況とは対照的に、ナチ政権は、劣っているとみなされた人々の出産を防ぐための政策を断行した。ナチ政府はさらに、一九三三年に権力を掌握した直後に、遺伝病子孫防止法を制定した。この法律によると、遺伝性疾患者は、医学的な知識と経験によって、その子孫が重度の身体的あるいは精神的な遺伝上の損傷に苦しむ可能性が高い場合、外科手術によって断種されうる。この法律において遺伝性疾患とは、次の疾病に苦しむものを指す。①遺伝性精神薄弱者、②精神分裂病、③周期性精神病者〈躁鬱病者〉、④遺伝性てんかん、⑤遺伝性舞踏病〈ハンチントン病〉、⑥遺伝性盲〈＝視覚障害〉、⑦遺伝性聾〈＝聴覚障害〉、⑧遺伝性強度肢体欠損、さらに重度のアルコール依存症に苦しむ者も強制断種されうる。[23]

この法律は、優生政策を提言した当時の科学者たちによる、人口の遺伝的形質を「改善」するための計画に基づいていた。ドイツ人の医療関係者、法律家、科学者たちは、法執行に協力し、誰に不妊手術をするかの決定を下す機関の委員となった。断種・強制不妊手術政策の初期の犠牲者のほとんどは、マチルダ・Mのように「アーリア人」に分類された貧しい女性であった。しかし、この初期の断種・強制不妊手術は、その後に行われるようになった明らかな人種差別に基づく断種・強制不妊手術の先例であり、かつ後に人種的に劣った人口だとして強制収容所に政治犯とともに収容されたユダヤ人、同性愛者およびジプシーに対する医学実験の前例となった。

断種・強制不妊手術に加えて、ドイツは一九三五年に出産を規制する二つの法律を制定した。遺伝保護法は、「遺伝的に健康である者」と「不適格者」との間の性的関係を禁止した。ニュルンベルク法の一つとして知られている血統保護法／ドイツ人の血と名誉を守る法律の制定過程では、ユダヤ人以外の「非アーリア人」との結婚と性的関係も禁止するべきかが議論されたが、最終的には特にユダヤ人と非ユダヤ人との性的関係を犯罪とした。

ファシストによる人口政策は極端であったが、彼らの考え方は、ドイツ国外にも広がった。一九三六年のナチスの宣伝ポスターには、「我々は一人ではない」と書かれていた[9]。そのポスターでは、赤ん坊を抱いている女性が、一九三三年断種法と書かれた盾を持つ男性に守られている姿が描かれている。さらに家族の周りには各国の旗が描かれていたが、それらの国は自主的あるいは強制的な断種・強制不妊手術計画を検討しているか、なんらかの形でこれをすでに可決した国であった[24]。

アメリカの優生学者の中には、ナチスの政策を称賛し、彼らの断種計画を模範にすべきと考えた者

理想的な「アーリア人」家族を描いたナチ党のポスター

ポスターには，「民族同胞（Volksgenossen）」（すなわち「人種的仲間」）が支援と助言を必要としていると主張し，自らの意思で地元のナチ支部に行くよう読者に求めている。支援を必要とする家族の絵と支援を呼びかける文言は，ナチスの政策において人種的再生が中心に置かれていたことを示している（Hoover Institution Political Poster Database, Stanford University, *The Family,* p. 104）。

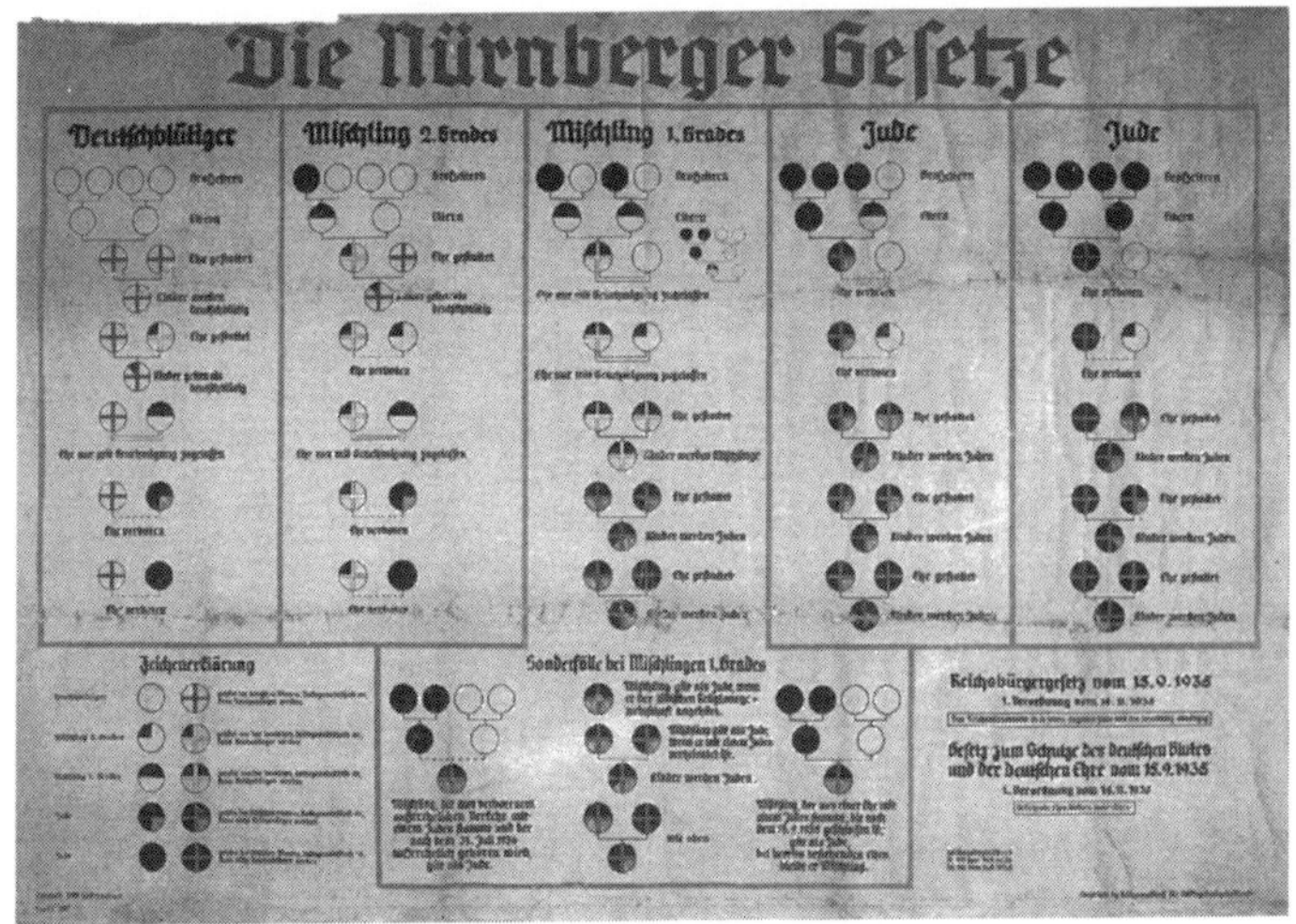

ナチ政府が1935年に制定したニュルンベルク法を要約した図

ユダヤ人と「アーリア人」の結婚を制限するために制定された，ニュルンベルク法と総称された各法律では，結婚の許可を得るために家系による証明を必要とした。祖父母が4人ともドイツ人（○）であれば，「ドイツ人の血」に分類された。その他の人々は，ドイツ人の祖父母の数に応じて各カテゴリーに分類され，大きく「ユダヤ人」と「混血」に分けられた。この図は許される結婚と禁止される結婚について示したものである（United States Holocaust Memorial Museum, N13862. *The Family,* p. 106）。なお，本書に掲載されている見解や意見，および画像を示した文脈は，必ずしもアメリカホロコースト記念博物館の見解や方針を反映しているわけではない。また同博物館による賛同や承認を意味するものでもない。

もいた。アメリカの優生学者レオン・ホイットニーは、一九三四年の著書『断種の実例』で次のように記している。[10]「イングランドとアメリカで、多くの先見の明のある男女が、ヒトラーが現在、強制的に行っている施策と類似の政策を行うべく、長きにわたって真剣に取り組んでいる」。[25]実際、アメリカのいくつかの州で、一九〇七年を皮切りに、断種法が施行された。とりわけ一九三〇年代の不況期に貧困レベルが深刻化したために、断種は貧困層を支援するための経費を削減する手段として支持を得た。[26]

一方、南アフリカでは、白人至上主義の国民党が、さらにあからさまな人種差別主義体制を樹立しようと力をつけてきていた。一九四〇年代に国民党が政権を獲得し、アパルトヘイト体制を正式に敷いた直後に成立した種々の法律は、ナチスの政策と多くの部分で重なっていた。一九四九年の雑婚禁止法では、白人と白人以外の人種との結婚が禁止され、一九五〇年の改正背徳法では、白人と黒人とが婚姻外で性的関係を結ぶことが禁止された。さらに同年、南アフリカの全ての住民の人種を記録する登録簿の作成を規定した法律が制定された。その後、同様に人種を居住地で区分するために強制移動と強制移住が行われることになった。

一部の国で、優生学と不況が断種という強制的な人口調整に拍車をかけた一方で、ヨーロッパの多くの民主主義国家では、典型的な経済危機に対する国家政策として、公共事業、食料や住宅ローンに対する助成金、失業給付の増加といった社会福祉政策が強調された（こうした措置はニューディール政策としてアメリカでも導入された）。しかし健康な赤ん坊を対象とし、国民の支持を得た慈悲深い福祉国家政策であろうと、ファシストによる残酷な人種政策であろうと、二〇世紀半ばまでにバイオポリティクスに基づく考え方は、ヨーロッパやその他の地域の国家政策に影響を与えた。その後、家族と政治は決して切り離すことのできないものとなったのである。

◈冷戦下における理想の家族と子育て支援

第二次世界大戦は、あらゆる戦争と同様に、戦争参加国の家族生活に深刻な変化をもたらした。従軍と戦死によって、また戦中・戦後に民間人が数多く犠牲になり、混乱が生じたことによって、家族はバラバラになった。銃後では、労働力として人々が動員され、戦争遂行のために新しい労働者が工場に送り出された。例えば、アメリカの産業労働に女性が大量に参入したが、このことは、戦争遂行を目的とした国民の動員に一役買ったとはいえ、家族の力学を変えることにもなった。ロージー・ザ・リベッター[11]に象徴されるように、一九四〇年から一九四四年の間に、戦時下の動員によってアメリカ人の女性労働者の数は四〇パーセント以上増加した。これらの女性たちの多くが戦後、職を辞したが、家庭の外で働く女性の就労率は、戦前のレベルに戻ることはなかった[27]。

第二次世界大戦の終結により、アメリカとソヴィエト連邦を含む反ファシストを掲げる連合国の結束は崩れた。一九四〇年代後半までに、世界を代表するこの二つの国家は、戦時中の協力体制を解き、世界の覇権を争う両陣営の指導的存在として君臨した。一九四五年から一九九〇年にかけて、アメリカ率いる西側の資本主義諸国とソヴィエト率いる東側の共産主義諸国が対立する冷戦下では、家族は重要な場所となった。

一九五〇年代と一九六〇年代初頭に理想化されたアメリカの家族は、戦争による政治不安と冷戦下の「原子力の時代」による政治不安から解放される場所であり、どちらの時期においても、アメリカの生活様式が優れていることをイデオロギー的に誇示した。戦後、結婚ラッシュが起き、多くの男女が家族となった。アメリカ人の結婚割合は以前よりも上昇し、彼らは若くして結婚した。一九六〇年には避妊薬／ピルの認可によって、避妊が初めて広く利用可能になったにもかかわらず、その後の出生数は増加した。(28)

連邦政府が出資した住宅ローンは、かつてないほどに多くの戸建て住宅の購入を促したが、これによって郊外の新しい生活様式の開発と現代的な家具や家電製品の消費が促進された。復員兵援護法（G. I. Bill）によって、退役軍人（ほとんどが男性）が無料で大学や職業訓練校の教育を受けられるように、彼らが選択した学校に国から直接授業料が支払われることになった。既婚女性の中には労働力として働き、給料を稼ぐ女性もいたとはいえ、この規定と住宅購入に対する助成金は、男性の就労準備とみなされ、家族を扶養する大黒柱としての男性像を強化することとなった。

ソヴィエト連邦と東欧にあるソ連の衛星国においては、女性が働き給料を得ながら育児ができるように、制度的支援を構築することに重点が置かれた。一九五九年にモスクワで開催されたアメリカ博覧会において、台所のモデル展示場で行われた、いわゆるキッチン・ディベート〔12〕では、家族の生活様式が中心的なテーマとなった。ソ連の第一書記ニキータ・フルシチョフは、アメリカでは女性が家族内で不平等な立場に置かれており、その能力を家族が潰していると主張した。アメリカのリチャード・ニクソン副大統領は、アメリカ女性が最新の電化製品を日常的に使用していることは、資本主義社会において女性が優れた地位を獲得していることの証だと力強くアピールした。この対決は、家族に対する資本主義者の理想像と共産主義者の理想像とを印象的な形で対置させることになったが、そのレトリックの背後では、冷戦時代に家族と政治が極めて密接な関係にあったことを例証する歴史的変化が実際に起こっていた。

一九四五年のドイツの敗北後、連合国はドイツを分割して軍を常駐させ、占領統治した。ソ連占領地区は、最終的にドイツ民主共和国（東ドイツ）としてより永続的なアイデンティティを獲得し、アメリカ、イギリス、フランス占領地区は、ドイツ連邦共和国（西ドイツ）となった。この分断は、東の国家社会主義と西の資本主義という二種類の経済思想に加えて、二種類の政治体制、すなわち東の単一政党国家と西の複数政党選挙による民主主義を対置させた。しかしそれだけではなく、両者は家族政策を特徴づける二つの領域でも対照的であった。

西ドイツでは、家庭的な妻を持つ男性が一家の大黒柱となるという家族像が主流であった。これはナチズムも称揚した、栄光ある家族の存続を象徴する伝統的な理想像でもあった。西ドイツでは、一九六〇年代までに家庭の外で働く女性の数が他国と同様に増加したとはいえ、その家族政策は保守的であったので、家庭外で働く女性の数はヨーロッパの他の国よりもはるかに少なかった。既婚女性が、「結婚生活と家族に対する責務を妨げることなく、両立できる範囲でのみ」働く権利を有することを定めた法律は、この保守的な政策のもとで、一九七七年になるまで廃止されなかった(29)。

対照的に東ドイツでは、就労とジェンダーに関する共産主義的な規範が広まっていた。個人としてだけではなく集団としても成長するためには就労が必要不可欠だと考えられていた。ソヴィエト連邦や東欧のその他の国々では、男性と同様女性も家庭の外で働くことが期待されていたが、男性が家事を分担することは想定されていなかった。それゆえに政府は、女性の仕事と母親業を両立させるための支援体制を整える必要があった。

一九六〇年代以降、東ドイツの働く母親は、出産時には毎回、一八週間の産後休暇と一カ月分の給料を得ることができるようになり、住宅供給とローンを組む際に優先された。一九七六年には、有給の産後休暇が二六週間に、最終的には一年間に延長された。二人の子どもを持つ母親の労働時間は、週三時間短縮された。国家は子育て支援を行った。その結果、東ドイツにおいて、一九八九年には三歳未満の子どもの七〇パーセント以上が国の子育て支援を利用していた。これに対し、同時期の西ドイツで国の子育て支援を受けた三歳未満の子どもは、わずか五パーセントであった。また東ドイツでは、一九八九年には二五歳から六〇歳女性の九二パーセントが就労していたが、西ドイツではその割合は五四パーセントに留まっていた。

東ドイツにおいて育児は、西ドイツとは異なり、女性が外で働くことを阻む大きな要因ではなかった。一九八〇年代後半の西ドイツでは、一八歳未満の子どもを一人持つ女性のうち、家庭外で働く女性は二〇パーセントであったが、東ドイツの場合、その割合は七五パーセントであった。二人以上の子どもがいる場合も同様の傾向を示しており、二人の子どもを持つ女性のうち、西ドイツでは一六パーセント、東ドイツでは七二パーセントが家庭外で就労していた。一八歳未満の子どもが三人いる場合、その数値はそれぞれ一八パーセントと六五パーセントであった[30]。

女性が働くことは、次第に権利として認識されるようになったが、これが自明のこととなったのは、一九八九年〔のベルリンの壁崩壊〕以降、東西ドイツの再統一によって、東ドイツが西ドイツに統合されることが明らかになってからのことであった。種々の調査によると、東ドイツの女性たちは、経済的に自立しており、自らを妻や母という言葉ではなく、職業で形容していた。一九九〇年代半ばに行われたインタビューをみれば、女性の仕事に関する旧東ドイツの政策を女性たちがどのように認識していたかがよくわかる。例えば、港湾都市ロストックで港湾交通の配車係をしていた二人の子

保育所に預けられた子どもたちと職員

（東ドイツ・ヴェッチャウ，1970年）

背後にあるのは大規模な発電所である。東ドイツ政府は，幼い子どもを持つ母親が就労できるように保育所を建設した。1970年の東ドイツでは，1～3歳の子どもの約3分の1が保育所に通っていた。また3歳児から6歳児の約3分の2が幼稚園に在籍していた（bpk, Berlin/Photo: Max Ittenbach/Art Resource, NY, *The Family,* p. 109）。

どもを持つある母親は、次のように主張した。

私は働くことが好きでした。私は何も勉強しませんでした。仕事を楽しんでいました。東ドイツ時代［すなわち再統一前］では、子どもを持つこととキャリアを積むことを両立することができ、それは非常にうまくいっていました。私は一日中家にいることができるタイプではないので、家庭に入ることは望んでいません。さらに経済的な理由もあります。(31)

西ドイツの主張とは異なり、東ドイツの女性たちは、自国の家族政策を強制的なものとはみなしていなかった。実際、女性が選べる家族に関する選択肢は、西ドイツの選択肢よりも多岐にわたった。国家は何かを禁止することよりも支援や促進を重視した。避妊という選択肢も一般的に利用可能であったし、女性が望まない妊娠をした場合は、妊娠一二週目までは中絶を選択できた。報告された中絶率は西ドイツよりも高かったが、それでも東ドイツの女性たちは、再統一前の数十年間、依然として西ドイツの女性たちよりも多くの子どもを出産した。(32)

◆人口統制と再生産

中国は、近代国家が人々の生活を監視し、測定し、管理する、もう一つの舞台となった。一九一一年に清王朝が崩壊すると、中国は政治的に細分化され、ほぼ内戦状態となった。第二次世界大戦終結後の一九四九年に、中国共産党によって中国は再統一された。中華人民共和国が樹立された当初は、市民が多ければ多いほど、より強い国家になるという考えに基づいて出産が奨励された。しかし、人口増加のスピードが経済成長を鈍らせるほどになっていることが次第に明らかとなった。一九七九年に中国は、基本的には夫婦一組あたり一人の子どもしか認めない方針を固めた。この政策は、強制、説得、報酬を組み合わせることで、出生率を下げることに大きく貢献した。

1980年代中国における一人っ子政策のポスター

一人の子どもを肩に乗せた若い母親が光り輝く都市の前に立っている姿は，家族計画と国家の発展が関係していることを明示している（Internationl Institute of Social History, Chinese Posters, BG E13/415, *The Family,* p. 111）。

具体的な方法は時と場所により異なっていたが、多くの場所では、女性の身体への国家介入は極端な形で実施された。例えばある地域では、中国共産党の幹部が、近隣に住む夫婦が用いている避妊方法や妻の月経時期などの情報をまとめることで、妊娠を早い段階から把握し、状況を追跡できるようにしていた。二人目以降の子どもは、学校教育や食料配給などの対象から外されるか、高額な罰金の対象となった。胎児の性別を判別できる超音波などの最新の医療機器を用いて、胎児の両親が子どもの性別を知ることができたために、性別によって選択的に中絶を行う親や、赤ん坊が女の子の場合、遺棄する親もおり、男女比が歪んでいった。中国の家父長制度では、息子が親の老後の面倒を見ることが想定されている。この点を踏まえれば、年金制度がない状況においては、多くの夫婦が女児よりも男児を望む理由が容易に想像できる。

農村部において、一人っ子政策は、都市部ほど強力に実行されることはなかった。二〇〇〇年に、三人の子どもを持ち、さらに四人目を妊娠していた、農村部の広東省に住むある女性は、『ニューヨーク・タイムズ』の記者に次のように語っている。「はい。ここでは家族計画がとても厳しいです……私に罰金ですか。そんなものはありません。私は小農で、現金収入がないのです。彼らに何ができますか」[(33)]。二〇世紀末には、政府は都市部においても政策を緩和した。すなわち多くの地域において、一人っ子同士が結婚した場合、祖父母の老後の面倒を見るために、二人目の子どもを持つことが許された。しかしジェンダー・バランスの不均衡によって、多くの若い男性が妻を見つけることに苦労した。中国人の妻を見つけることができなかった男性の中には、東南アジア出身の女性と結婚した者もいた。これは、中国政府の人口政策の波及効果の一つといえる。

中国政府が一人っ子政策を開始したのと同時期に、その他の諸国は、国民の生活水準を向上させるために人口統制政策を用いた。一九七〇年代のインドで、政府が強制断種政策を断行する（男性がパイプカットをしたがるように、その処置を受けた人にはトランジスタラジオが贈られた）など、しばしば強制的な措置が取られた[(34)]。インドに限らず世界中で同じように、一九五〇年代から一九七〇年代において、人口統制はグローバルな権力政治に欠かせない要素となった。

◆植民地体制からの脱却

植民地政府によって促進された家族政策は、反植民地運動による批判にさらされた。例えばケニアでは、「女子割礼」（女子割礼に反対する人たちは、割礼という言葉を使わずに「女性器切除」と呼ぶことが多い）が、植民地支配を脱しようとするナショナリズム運動と関連づけられるようになった。二〇世紀初頭のキリスト教宣教師は、ケニアの多くの地域で、少女が大人になるための通過儀礼となっているこの慣習を批判した。したがってこれを根絶しようとする宣教師の活動は、植民地支配の一翼を担っていると捉えられた。

こうした歴史を考えると、一九五〇年代に、ケニアで宗主国イギリスに反抗して立ち上がったマウマウ[13]のような運動によって、マウマウを英雄視した人々が、息子や娘たちが一定の年齢に至った際、古い慣習に則り、場合によってはそれを復活させてまで、彼らに宣誓儀式を受けさせようとしたことは驚くべきことではない。女子割礼をめぐる議論がなぜ収束しないのかは、一九九九年に『エコノミスト』に掲載された記事「女性器切除——これは犯罪か、それとも文化なのか[35]」に示されている。

理想的な家族像とこれをほのめかす言い回しは、ベトナムの反植民地主義に基づくナショナリズムにも影響を及ぼした。ベトナムは一九世紀後半に仏領植民地になったが、それ以前は、儒教による倫理観と家族重視の価値観に強く影響されていた。一九二〇年代に、ベトナムの知識人だけではなく、の中で儒教的な家族内ヒエラルキーが批判された。だからといって家族が解体されることはなく、現在においても家族はベトナムの国民概念の中心にあり続けている。

フランス植民地政府と教育者も、変化する社会における女性の役割をめぐって議論を開始したが、その中で儒教的な家族内ヒエラルキーが批判された。

フランス植民地当局は女子教育を支援したが、彼らは女性たちの家族役割を強化する教育に力を注いだ。フランス植民地のある官僚は、一九二八年にベトナム語で、『地方在住者が知っておくべきこと』というタイトルの本を書き、女性は「機敏で、清潔好きで、台所仕事に通じており、裁縫に堪能であるべきであり、さらに読み書きもできなければならない[36]」と述べた。『女性市民の自学自習』と題された植民地時代のベトナム語の教科書では、少女は「国民の母親」になるよう訓練されなければならないという考えが積極的に語られた[37]。『女子学生のための読本』という教科書には、「あなたが父親と母親の言葉に従わないならば、どのようにして国の法律に従う方法を学ぶのか」という問いが書かれていた。このことは、儒教にも、より現代的な政治理論にも、家族と国家を関係づける考え方が存在することを示唆している。二〇世紀初頭に、性をめぐる衛生（sexual hyginen）に関する書物で、優生学と人口政策という現代的な語彙が用いられた。例えば、一九二五年にあるベトナム人医師は、妊娠と乳幼児の病気に関する解説書において、国民の発展に性をめぐる衛生が関係することをはっきりと述べている。「我々の種は、最終的に、育児および子どもが奇形になるような病気の予防に注意を払うことによって、日増しに強くなっていくだろう[38]」。

フランスは二〇世紀の前半まで、高揚するナショナリズム運動をかわすことができていた。彼らは一九四一年に日本が仏領インドシナに進駐するまで権力を維持していた。ホー・チ・ミンら[14]に率いられた国民主義者たちは、当時、ベトナムを共同統治していたフランスと日本、両方に反旗を翻した。日本は第二次世界大戦の敗北後、ベトナムから撤退したが、フランスは留まり続けた。フランスは、一九四五年に植民地政府に抵抗するホー・チ・ミンらがベトナム独立宣言を行ったにもかかわらず、植民地支配の維持を主張した。ベトナムの反植民地主義の主導者は、親孝行の価値を再確認した上で、家族や国家に対する忠誠心を導く伝統的な儒教の考え方を再び主張すればいいという単純な問題ではなく、愛国心にあふれた市民としてこれからの未来を描こうとする想像力が危機に瀕していることが問題なのだと主張した。ホー・チ・ミンは「親孝行の奨励に従うこと、そして高潔で立派な先祖への義務と感謝の念を感じることは、現代の愛国者が党、国家、国民に献身的に奉仕し、若者を導いて進歩を促し、恐れることなく未来を見据えることと同じ意味である」と主張した[39]。

彼は、未来を見据えるというこの信念を持ち続け、一九四五年の独立宣言直後に、児童生徒に対して次のように説いた。

以前は、きみたちの父親や兄たち、そして昨年はきみたち自身が、フランスの帝国主義者の一員に仕立て上げられるための奴隷的な教育を受けさせられていた。今日、きみたちは独立した国で教育を受けることができるのだから、父親や兄たちよりも幸運だ……ベトナムの国民が栄光を手に入れることができるかどうか、そしてベトナム人が五大陸の強大な国家と同じくらい栄誉を得られるかどうかは、きみたちが自らを教育するためにどの程度、努力するかにかかっている[40]。国民国家の未来を子どもたちに託すという話は、繰り返され続けてきたし、これからも繰り返されるだろう。

ベトナム軍は、一九五四年の第一次インドシナ戦争でフランスを破り、フランスによる植民地統治を終わらせた。その戦争の後、ベトナムは、北緯一七度線で北ベトナムと南ベトナムの二つに分割された。北部は共産主義政府によって、南部は西側世界に友好的な反共主義政権によって統治された。政治的分裂の過程で、地理的にも思想的にも分断された家族も存在した。東ドイツと西ドイツのように、分割されたベトナムは、冷戦において重要な地域となった。第二次インドシナ戦争であるベトナム戦争では、アメリカが南ベトナム側につき、ベトコンへ物的・人的支援を行っていた北の共産主義者との戦いに介入した。戦争は長期にわたって血生臭いものとなったが、最終的にアメリカは一九七五年に敗北した。ベトナムは北部の共産主義政府のもとで、再統一された。ドゥオン・ヴァン・マイ・エリオットは、自身の回想録で、国民の再統一と家族の再構築との関係を強調した。「再統一は、人口を再び一つにするものと感じられた。離ればなれだった家族は再会することができ、断絶されていた絆が再構築された[41]」。政治的な再統一を示す象徴として、息子を抱きしめる母親の写真がポスターにされ、新聞にも掲載されることで広く行き渡った。このことは、ベトナムの南北分割が、家族にとっての悲劇であり、再統一は家族の絆を取り戻すことであるとみなされたことを意味している[42]。

再統一後の数年間で、ベトナムの経済は発展し、「リトル・アジアン・タイガー」[15]の一つに数えられ、経済活動を牽引した。一九八六年、政府は社会主義主導の市場経済を確立するための一連の改革を開始した。平和と繁栄のもとで、人口は増え続け、ベトナム政府は他の国と同様に、家族問題に直接介入した。一九八八年に、政府は、一人の女性が出産する人数を二人までに制限する計画を策定した。中国で行われたように、この強制的な措置は、ジェンダー・バランスの不均衡をもたらし、家族は娘よりも息子を持つことを望んだ。二〇〇九年までに、女子の出生数と男子の出生数は一〇〇対一一五になった[43]。この結果は、中国と同様に、ベトナムにおいても、政府が家族を近代化しようと画策したにもかかわらず、伝統的な家族の理想像が根強く残っていたことを示している。

この理想像が未だ強固に保持されている証拠として、一九九〇年代に農村地域で歌われていた民謡をあげることができる。「あなたの娘は他人のもの。義理の娘だけがあなたの娘。なぜなら彼女にはお金を払ったからだ」。この歌は父系中心の結婚慣習（妻は夫家族の一員になる）があったこと、そして花婿側の家族が花嫁をもらう代わりに、お金を花嫁側に支払う慣習があったことを示唆している[44]。

人口政策は、出生数の制限を目的としただけではなく、生まれた赤ん坊の「質」を高めることも目指していた。二〇〇九年に、ベトナムの人口・家族計画化総局長のドゥオン・クオック・イン博士は、「当局の未来に対する最も重要な責務は、先天性奇形児の数を一・五パーセント未満にすることによって、人口の質を高めることである」と主張した。イン博士は、この目的を達成するために、当局が何をすべきかについては明言しなかったが、その措置として出生前管理と強制的な中絶が行われる可能性を強く示唆している。彼はまた、男女比の不均衡という問題に対応するために、政府の介入をさらに強める必要性を指摘して、次のように述べた。「国家が教育と宣伝だけを頼りにしているならば、ベトナムにおける男女比の不均衡を解消することは極めて難しい。政府は法律を遵守していない人々に対してより厳しい制裁を科すべきだ」(45)。

＊　＊　＊

国家による家族政策が与えた衝撃と結果は、政権によって異なっていた。あるときは民主化を後押しし、またあるときは権威主義的な方向へと促し、大量虐殺を引き起こすことさえあった。ナチス・ドイツでは、「純血」のアーリア人家族の数を増やすことが国家政策の目的とされた。近代化する中国においては、一人っ子政策が急激な人口増加を抑制する基本政策となった。東西ドイツにおいて、有償労働に女性が参入することを促進するために導入された様々な国家政策が、家族生活に影響を及ぼしたのは明らかであった。ベトナムにおいては、数々の家族政策が植民地体制から脱植民地体制への移行を促した。二〇世紀末までに、家族は事実上、全ての地域と国家で政治化されたのであった。

注

（1） Michelle Mouton, *From Nurturing the Nation to Purifying the Volk: Weimar and Nazi Family Policy, 1918–1945*（Cambridge: Cambridge University Press, 2007）, pp. 144-145.

(2) Mouton, p. 144.

(3) Mouton, pp. 139–140.

(4) Margaret Llewelyn Davies, ed., *Maternity: Letters from Working Women,* reprint, with a new introduction, of the 1915 edition (New York: Norton, 1978), pp. 53–54.

(5) Patrick Brantlinger, *Rule of Darkness: British Literature and Imperialism, 1830–1914* (Ithaca: Cornell University Press, 1990), p. 34 から引用。

(6) Patricia M. E. Lorcin, *Historicizing Colonial Nostalgia: European Women's Narratives of Algeria and Kenya 1900-Present* (New York: Palgrave Macmillan, 2012), p. 74.

(7) Alice Conklin, "Redefining Frenchness: Citizenship, Imperial Motherhood, and Race Regeneration in French West Africa, 1890–1940," in *Domesticating the Empire: Languages of Gender, Race, and Family Life in French and Dutch Colonialism,* edited by Julia Clancy-Smith and Frances Gouda (Charlottesville: University of Virginia Press, 1998), p. 79.

(8) Eric Weitz, "Before the Holocaust: Germany and Genocide in Africa and Anatolia," unpublished MS, p. 13.

(9) Lora Wildenthal, *German Women for Empire, 1884–1945* (Durham: Duke University Press, 2001), p. 91.

(10) Wildenthal, p. 135.

(11) Wildenthal, p. 139.

(12) Wildenthal, p. 163.

(13) Margaret Strobel and Nupur Chaudhuri, *Western Women and Imperialism: Complicity and*

Resistance（Bloomington: Indiana University Press, 1992）を参照。

（14） Lorcin, Introduction.

（15） アルジェリアに関しては、Lorcin, pp. 22-23, 50-53 を参照。

（16） Weitz, "Before the Holocaust."

（17） 概要については、Kevin Passmore, *Fascism: A Very Short Introduction*（Oxford: Oxford University Press, 2002）.〔ケヴィン・パスモア著、福井憲彦訳『ファシズムとは何か』岩波書店、二〇一六年〕を参照。また Mouton, *Nurturing the Nation* も参照。

（18） Benito Mussolini with Giovanni Gentile, "What is Fascism, 1932," Modern History Sourcebook, http://www.fordham.edu/halsall/mod/mussolini-fascism.html（二〇一一年一二月二日閲覧）.〔ムッソリーニ著、松村正俊訳『ムッソリーニ全集Ⅸ　ファシズモ原理』日本評論社、一九三五年、七九頁。本書ではこの日本語訳を参考にしつつ、訳出した〕

（19） Victoria de Grazia, *How Fascism Ruled Women: Italy, 1920-1945*（Berkeley and Los Angeles: University of California Press, 1992）, p. 55.

（20） De Grazia, pp. 77-78.

（21） "The 25 Points of 1920: An Early Nazi Program," Modern History Sourcebook, http://www.fordham.edu/halsall/mod/25points.html（二〇一一年一〇月一日閲覧）.〔二五カ条綱領（一九二〇年）については、長谷部恭男・石田勇治『ナチスの「手口」と緊急事態条項』集英社新書、二〇一七年、九二頁の訳に倣った〕

（22） さらなる議論のために、William H. Tucker, *The Science and Politics of Racial Research*（Champaign-Urbana: University of Illinois Press, 1996）, p. 112 を参照。

(23) Law for the Prevention of Offspring with Hereditary Diseases (July 14, 1933), in US Chief Counsel for the Prosecution of Axis Criminality, *Nazi Conspiracy and Aggression,* Vol. 5, Washington, DC: United States Government Printing Office, 1946, 3, Document 3067-PS, pp. 880-883, cited at German Historical Institute, German History in Documents and Images at http://germanhistorydocs.ghi-dc.org/pdf/eng/English30.pdf.〔遺伝病子孫防止法については、北村陽子『戦争障害者の社会史――二〇世紀ドイツの経験と福祉国家』名古屋大学出版会、二〇二一年、一六七頁の訳に倣った〕

(24) Robert Proctor, *Racial Hygiene: Medicine under the Nazis* (Cambridge, MA: Harvard University Press, 1988), p. 96.

(25) Stefan Kühl, *The Nazi Connection: Eugenics, American Racism, and German National Socialism* (New York: Oxford University Press, 2002), p. 36.〔シュテファン・キュール著、麻生九美訳『ナチ・コネクション――アメリカの優生学とナチ優生思想』明石書店、一九九九年、七三頁〕

(26) Kühl, p. 90, 130.〔キュール『ナチ・コネクション』四三、一〇六頁〕

(27) Anita Harris, *Broken Patterns: Professional Women and the Quest for a New Feminine Identity* (Detroit: Wayne State University Press, 1995), pp. 72-76.

(28) この主張は次の文献で十分議論されている。Elaine Tyler May, *Homeward Bound: American Families in the Cold War Era* (New York: Basic Books, 1988).

(29) Mary N. Hampton, "Reaching Critical Mass? German Women and the 1998 Election," in David B. Conradt et al., *Power Shift in Germany: The 1998 Election and the End of the Kohl Era* (New York: Berghahn, 2000), p. 170.

(30) Agnes Joester and Insa Schöningh, eds., *So nah beieinander und doch so fern: Frauenleben in Ost*

und West (Pfaffenweiler: Centaurus, 1992). Antje Reinheckel, Kornelia Franke, Wolfgang Weise, and Bernt-Peter Robra, "Effect of Re-Unification on Fertility Behaviour in East Germany: A Review of the Evidence," *Reproductive Health Matters* 6 (1998): pp. 122–128 を参照。

(31) Katherine Elizabeth Nash, "GDR Women and German Unification: Meanings of Paid Work and Child Care" (PhD diss., University of Minnesota, 1997), p. 94.

(32) Reinheckel et al., pp. 122–128.

(33) Elizabeth Rosenthal, "Rural Flouting of One-Child Policy Undercuts China's Census," *New York Times,* April 14, 2000.

(34) V. H. Thakor and Vinod M. Patel, "The Gujarat State Massive Vasectomy Campaign," *Studies in Family Planning* 8 (1972), p. 188.

(35) *The Economist,* February 11, 1999.

(36) David G. Marr, *Vietnamese Tradition on Trial, 1920–1945* (Berkeley: University of California Press, 1981), p. 206.

(37) Marr, p. 210.

(38) Nguyen Van Luyen, "San Duc Chi-Nam" [Guide to Childbirth] (Hanoi, 1925). Cited and translated in Marr, p. 213.

(39) Susan Bayly, *Asian Voices in a Postcolonial Age: Vietnam, India and Beyond* (Cambridge: Cambridge University Press, 2007), p. 64. ベイリによるホーの言葉の翻訳が記載されている。

(40) *Nhung loi keu goi cua Ho Chu Tich* [The Appeals of President Ho] (Hanoi: Su That, 1958), pp. 20–21. Cited and translated in Hue-Tam Ho Tai, *Radicalism and the Origins of the Vietnamese Revolu-*

tion (Cambridge, MA: Harvard University Press, 1992), pp. 256–257.

(41) Duong Van Mai Elliott, *The Sacred Willow: Four Generations of Life in a Vietnamese Family* (New York: Oxford University Press, 1999), p. 414.

(42) ベイリは、写真が果たす象徴的な役割に関して論じている。Bayly, p. 39.

(43) 図は、General Office of Population and Family Planning: "Vietnam Population Quality Low, Warns Official," Baomi. com, August 21, 2009, http://en.baomoi.com/Info/Vietnam-population-quality-low-warns-official/2/1412.epi（二〇一一年三月一七日閲覧）から引用。

(44) H. T. Hoa et al., "Child Spacing and Two Child Policy in Practice in Rural Vietnam: Cross Sectional Survey," *BMJ*（1996）313: 1113, http://www.bmj.com/content/313/7065/1113.full（二〇一一年三月一七日閲覧）.

(45) "Vietnam Population Quality Low, Warns Official"（二〇一一年三月一七日閲覧）.

訳注

〔1〕本書では「委員会（board）」という訳語が用いられている。確かに法案の段階では、「委員会」という言葉が使われていたが、一九三三年七月一四日に成立した法律において、この判定を行う委員会を「遺伝健康裁判所（Erbgesundheitsgericht）」という新しい政府機関として導入することが規定された。このことを鑑みて、本書では「遺伝健康裁判所」と訳した。

〔2〕一八八三年にイギリスで誕生した協同組合。一九一五年に、各支部の役員などを務めた会員を対象に行った、出産と育児に関するアンケート調査の回答をそのままの形でまとめた手記集『マタニティ――労働者女性からの手紙』を刊行した。ギルドが集めた出産実態のデータ等が出産手当給付や母性保護制度の整

備に少なからぬ影響を与えたとされている。

〔3〕一八五三〜一九〇二年。南アフリカの鉱山採掘で巨額の富を築き、一八九〇年から九六年までケープ植民地首相を務めた。ローズは遺言によってオックスフォード大学のオリエル・カレッジに多額の寄付を行い、ローズ奨学金（主としてイギリス植民地出身の優秀な留学生に与える奨学金）を立ち上げた。オリエル・カレッジにはローズの貢献を称えた銅像が設置されていたが、ローズが人種差別主義者であるという批判を受けて、同カレッジは二〇二〇年六月に銅像の撤去を決定した。

〔4〕注(6)の文献を読む限りでは、おそらくアルジェリアで治安判事を務めたフランス人フェルディナン・デュシェーヌ（Ferdinand Duchene）が一九〇八年に書いた『北アフリカにおけるムスリム女性』の中の記述と思われる。

〔5〕一八七三〜一九六五年。ユダヤ系の経済学者。ハイデルベルク大学（カール・グスタフ・アドルフ・クニース）、ミュンヘン大学（ルヨ・ブレンターノ）、ウィーン大学（カール・メンガー）、フライブルク大学（マックス・ウェーバー）、ロンドン経済学研究所等で学ぶ。一九〇六〜〇七年に、ケープ植民地や独領南西アフリカ植民地を視察し、植民地問題の権威として知られるようになった。

〔6〕一八七七〜一九〇四年（?）。ロシア貴族の婚外子として誕生した。単独でアルジェリアに移住し、各地を旅し、川の氾濫によって二七歳で没するまで、雑誌に従軍記や紀行文を寄稿した。後年、彼女の作品を集めた書籍も刊行され、日本でも『砂漠の女』（中島ひかる訳、晶文社、一九九〇年）という題名で翻訳・出版されている。

〔7〕引用されている資料は英語訳のものであり、著者はドイツ語の「Volksgenosse」を「a member of the race」と訳している。volk を race と訳していることには違和感がある（race のドイツ語は rasse）ため、ここではドイツ史で通常、用いられている「民族」という言葉を用いた訳を参照した。

〔8〕　この演説は、おそらく一九三四年九月に、ニュルンベルクで行われた第六回党大会の際に開催されたナチ女性会議の席上で行われたものだと思われる。本文の引用ではヒトラーが母親を高く評価しているように聞こえるが、この演説で、ヒトラーは「男性の世界は国家であり、男性の世界は闘うことであり、共同体のために尽力することであると言えるなら、女性の世界はもっと小さな世界だといえるかもしれない。なぜなら、女性の世界は夫であり、家族であり、子どもたちであり、家だからである。もし、その小さな世界を受け持とうとする者がいなければ、いかにして大きな世界は存続しえるだろうか」と述べている。ヒトラーの言葉は、桑原ヒサ子「ナチ女性の社会活動における戦略としての母性――ナチ・イデオロギーと女性の地位向上のはざまで」『敬和学園大学　人文社会科学研究所年報』九号、二〇一一年、四二頁を参照のこと。また一九三四年の党大会の模様は、レニ・リーフェンシュタール監督による記録映画（日本語題名は『意思の勝利』）として残されている。

〔9〕　注(24)の文献にはそのポスターが掲載されており、出典として *Neues Volk*, March, 1, 1936, p. 37 と記載されている。

〔10〕　Leon F. Whitne, *The Case for Sterilization* (New York: Frederick A. Stokes company, 1934).

〔11〕　第二次世界大戦期の女性の戦争労働者をイメージさせる文化的偶像の一つであり、軍事品や軍用品を生産する工場や造船所で働く女性全般を指した言葉。

〔12〕　一九五九年にモスクワで開催された「アメリカ博覧会」において、ソ連共産党第一書記ニキータ・フルシチョフとアメリカ副大統領リチャード・ニクソンが、アメリカ製の家電や日用品を前に、それぞれ共産主義と資本主義の経済システムが持つ利点について、即興でディベートを行った。ニクソンは展示されていた消費財や新しい生活スタイルを、アメリカ資本主義の勝利を象徴するものだと主張した。

〔13〕　英領植民地であったケニアにおいて、先住民たちがイギリス統治に反抗して行った抵抗運動。一九四〇

年代後半から見られた関連の反政府運動をマウマウ運動、植民地政府が宣言した非常事態期間（一九五二年から一九六〇年）をマウマウ戦争と呼ぶ。マウマウは長い間、その残虐性によって低い地位を与えられていたが、二〇〇〇年代に再評価を求める声が高まり、二〇〇三年にケニア政府がマウマウの非合法を取り消すと、世界各国でマウマウに関する報道がなされ、彼らを英雄視する人々も現れた。

〔14〕一八九〇〜一九六九年。初代ベトナム民主共和国主席、ベトナム労働党中央委員会主席。本名はグエン・シン・クン。植民地時代から革命に身を投じ、全国的な民衆蜂起であるベトナム八月革命を指揮し、ベトナム全土を掌握した。

〔15〕二〇世紀後半の経済成長に照らして、日本を「アジア唯一の大龍」とみなし、それに次ぐ経済成長を見せた香港、シンガポール、韓国、台湾をアジア四小龍／フォー・アジアン・タイガーと呼んだ。この呼び名にちなみ、東南アジアの五つの経済主要国であるインドネシア、タイ、フィリピン、マレーシア、ベトナムは、Tiger Cub（虎の子）諸国としてその経済が注目されている。この"Tiger Cub"を本書では"Little Asian Tiger"と表記しているのではないかと思われる。

終章　家族の未来

◆家族の絆

家族生活が変化することによって歴史的な諸力が形成され、かつそうした力によって家族生活が形作られてきた。これらの変化は、これまで以上に、グローバルな規模で引き起こされている。人類が最初に出現した時代にまで遡る、家族のディープ・ヒストリーは、グローバルな歴史的過程にその痕跡を残した。人間はすべからく、家族を取り巻く社会的文脈の中で進化してきた共通の祖先を持っている。しかしながら、何千年もの間、家族は文化を超えた離散や遭遇を繰り返すことで、それぞれ独自の家族生活を作り出してきた。そのため家族の歴史は幾度となく分岐した。

現代のような濃密なグローバル・コミュニケーションの時代とそれ以前とでは、移住が家族生活に与える影響は少々異なっているとはいえ、移住が多くの家族に議論の余地のないほど明確な影響を及ぼすことは間違いない。移住によって出る側にも入る側にも社会が形成される。歴史を遡ると、移住には長期にわたる過酷な旅路や航海が伴っていたために、出発が永遠の別れとなる場合もあった。移住者が自ら渡すか送るかした家族の記念品や手紙は、遠く離れた家族の絆を維持しようとする移住者の奮闘を強く心に訴えてくる。一例をあげれば、一九五六年にアンナ・パイケンズは、ラトビアにある自宅から、第二次世界大戦後に難民としてミネソタに移住した息子エドワードに宛てて、次のように書いた。

小さなマイヤは学校でロシア語とドイツ語を勉強しています……彼女はあなたが住んでいる都市を地図上で探し、とても遠いのねと言いました。彼女は私に地図を見せて、一センチが一〇〇〇キロだと教えてくれました。おそらく二万キロは離れているようですね。息子よ。何か送ってくれるなら、シンガーミシン用の針の、太いもの、中くらいの太さのもの、細いものをいくつか送ってください。先日、お願いするのを忘れていました。私の最高の愛をあなたに送ります。ヘレナにも。ご機嫌よう。

母より。

追伸、マイヤもよろしくと言っています。彼女はあなたからの手紙を楽しみにしています。(1)

パイキンズの手紙から、彼女と息子を隔てていた物理的な距離がかなり離れていたことだけではなく、裁縫や妹の学校での勉強といった彼女の日常生活と彼とを結びつけようとしていたことが見て取れる。今や、空の旅、料金の安い電話、ソーシャルメディア、ウェブカメラなどの通信技術は、世界各地に住む家族間のつながりに、以前は困難であった「日常生活」風味を加えることを可能にした。手紙が届くまでに時間がかかり、電話もなく、あったとしても高額であった時代はもちろん、国外に出発することがあらゆる連絡手段を断つことを意味したさらに昔の時代においてはなおさら、こうした相手の「日常生活」を垣間見ることはかなり難しいことだった。現在の家族の絆は、かつてないほどに、空間を超えて維持することができる。しかし、未だこの世界は、人々が国境内、あるいは国境を越えて移動する方法を含めて、家族生活を規定する強大な力を備えた国民国家によって支配されている。そうした世界において家族の絆が脆弱であることを心に留めておくことは重要である。現在、我々の世界はグローバル化されているが、あちこちで移民に疑いの眼差しが注がれていることや強制移動による一家離散など、家族が脅かされていることもまた事実である。

◈同性結婚

「展開し続けている家族の歴史」で描かれる多くの領域では、地方または国レベルだけではなく、国境を越えて、あるいはグローバルに展開する世界的な力が同時に働いている。性的指向は、家族の未来にとって重要で新しい最先端の領域の一つである。一夫一婦制の異性愛者のカップルは、現在、世界中で標準的な関係性だとみなされているが、それに代わるセクシュアリティと様々な家族形態が多くの文化圏で確認されている。こうした別の選択肢の普及やこれに対する寛容さのレベルは、適切な家族生活に関する文化的解釈が劇的に変化することで変わることもあったし、また規範から外れた家族形態がどの程度、政治的に認められるか、あるいはどの程度、抑圧の対象となるかによっても変化した。

今日、世界の多くの地域で、支配的な家族関係に対する挑戦を最も明示的に示しているのは、同性愛者の権利を求める運動と、同性結婚と同性愛者のカップルによる養子縁組の認可を求める活動家による呼びかけである。同性愛者の権利要求などの政治運動は、一つの地域に限定された活動ではなく、ますますグローバル化している。二〇〇六年に、南アフリカはアフリカ大陸で初めて同性結婚を認めた国となり、世界で五番目にこれを認可した国となった。いまや南アフリカでは、どの組織であれ、新たに認可された結婚やパートナーシップを差別することは違法となった。南アフリカにおける政策は、同性愛者の権利を主張する世界中の人々にとって重要なものとなった。例えば、ロサンゼルスを拠点とするコラムニストであり、同性愛者の権利を求める活動家でもあるカール・マテスは、二〇一〇年に、未だ解決していない問題とはいえ、南アフリカは「未来に向けた範例」を提供していると書いている。(2)

その一方で、同性結婚に関する政策は、地方行政にも深く関係している。アメリカでは、何十年にもわたって、それぞれの州で同性結婚と法的課題について議論され続けてきた。同性結婚をめぐる法廷闘争は、家族史を専門とする歴史家が直接、法廷に赴く事態を引き起こした。そうした法廷では、歴史史料が法的証拠と認定された。例えば、二〇〇三年に、マサチューセッツ州最高裁判所のマーガレット・マーシャル判事が出した『グッドリッジ対州公衆衛生局』の判決（同性結婚を州が禁止したことを憲法違反であるとした）は、数十人の歴史家が署名したアミカス・ブリーフ(1)に基づいていた。そのアミカス・ブリーフは、結婚とそれに伴う法的関係の意味が、時間とともに変化したことを明確に示した。その一つとして取り上げられたのは、女性がもはや法的に弱い立場であるとはみなされていないため、夫婦間の法的関係が劇的に変化したことであった。さらに別の例として、以前はアメリカ全土で禁止され、罰が与えられていた異人種間結婚が、もはやそうした対象ではなくなったことも主張された(3)。このような事例は、結婚が持つ政治的、歴史的本質を暴き、結婚制度の改革によって提起された極めて論争的で本質的な課題を眼前に晒してくれる。

同性結婚を求める声には、宗教的な側面も含まれている。アメリカや他国で同性結婚に異を唱える人々の多くが、家族に関する価値観の形成に、長きにわたって深く関与してきた宗教的な掟や聖書に拠る指示に基づいて反対している一方で、全ての宗教団体が同性結婚に反対しているわけではない。例えば、最近、ミネアポリスのフレンド派（クエーカー）集会は、全ての人が結婚できるようになるまで、誰の結婚式も行わないことを決定した。同性愛者カップルも異性愛者カップルも婚約式は引き続き行えるとしたが、現在のミネソタ州の法律では、公式の結婚証明書の発行は異性愛者しか受け取ることができないため、全ての証明書に署名しないことを決めたのである。ツインシティーズ〔ミネソタ州のミネアポリスとセントポール〕フレンド派集会の書記を務めるポール・ランズクローナーは、二〇〇九年一二月のインタビューで、「我々は神の意志を受け取り、それと一致する行動をしようとし

ている だけです」と述べている[4]。同性結婚をめぐるこれらの議論と、より一般的には社会制度としての結婚に対する不安は、現在も展開され続けている家族史の、今後を暗示する重要な徴候の一つである。

◆代理出産

家族の将来に影響を与える、家族生活におけるもう一つの重要な革新は、出産技術、特に遺伝子工学と代理出産契約が相まって進展したことである。以前は、子どもを望んでいるけれども、生物学的に妊娠することができないカップル（あるいはまれに個人）は養子縁組をすることができた。今や、子どもがいない人々は、養子縁組をさらに進めて、代理母を雇って子どもを産んでもらう選択肢も手に入れた。中には卵子と精子を寄付するカップルもいる。しかしながら、今や卵子と精子は、望ましい遺伝的特徴を持つ子どもを約束する商業目的の会社によって集められた「商品」から厳選されるようになっている。厳密にいえば、人身売買は、国内法および国際法においても長きにわたり禁止されていた。しかし、これらの新しい出産技術を用いた方法の中には、不快なことに、これまでとは違うやり方の人身売買に近づいているものもある。

代理出産契約を通じて生まれた双子の赤ん坊の親権をめぐって、代理母と争った夫婦は、二〇〇九年に『ニューヨーク・タイムズ』の記者によるインタビューで、彼らの親権を市場原理に基づいて主張した。すなわち、「私たちは卵子、精子、体外受精の費用を支払った……私たちがいなければ、子どもたちはここにいなかったでしょう」[5]。アメリカでは、商業的かどうかにかかわらず、代理出産を規制する州はまだ比較的少ない。ヨーロッパのほとんどの国々と、その他のいくつかの国においては、代理出産を規制するか、完全に非合法なものとしている。もちろん、代理出産だからと言って、出産に本質的な欠陥が生じるとか、あるいは家族の姿が劇的に異なったものとなるといったことは主張されていない。その一方で、代理出産の多くが内包する商業的側面は、道徳的、倫理的、法的問題を引き起こしている。

州による規制がない場合、不妊治療クリニック、遺伝子研究所、そして取引によって利益を得る立場にある代理母は、何の規制もなしに自分たちで運用条件を管理することになる。生命倫理学者のジョージ・J・アナスによれば、商業取引によって供給された遺伝物質を用いて出産するために誰かと契約することは、「子どもを消費財とみなし……実際、子どもを商品のように、そしてまるでペットのように扱う」危険性を孕んでいる[6]。

◆国際養子縁組

養子縁組も問題がないわけではない。なぜなら、どの子どもが養子となるにふさわしいか、どのカップルが養父母として適しているかを決定する際に、常に家族をめぐる価値観と家族政策が関わっているからである。養子縁組を斡旋する組織は、養子を迎えられるかどうかの決定を長きにわたって掌握してきた。代理出産で子どもを授かろうとする人々の多くが、年齢、健康状態、婚姻形態、性的指向を理由に、養子縁組を断られた人々であった。グローバル化した養子縁組の世界において、事態はさらに複雑である。養子縁組政策は国境を越えて展開されており、養子縁組はいまや、国際法に基づいて、国際機関によって交渉されるものというだけではない。子どもを貧困世界から裕福な世界へと連れ出すことを倫理的に正しいとする価値観を前提にするものであり、実の家族と養子先の家族の深い文化的相違を生じさせている。

「スター」による養子縁組と慈善団体による国境を越えた活動によって、孤児に関する国際的な政策倫理が脚光を浴びるようになり、戦争やエイズの流行によって親を亡くした多数の孤児を世話するための様々な方法に注目が集まった。地域に根ざした児童保護活動と国際的な「養子縁組市場」は、後者からの要求のせいでしばしば対立した。国際的な救済活動の形態は、孤児となった子どもたちの扱われ方に影響を及ぼす。行政官の中には歌手のマドンナによって支援されているマラウィにある希望の家など、資金が潤沢な孤児院に賛同している者もいるが、一部の行政官は、広範な地域に広がるこの問題が、有名人による単独の活動によって解決されるという意見に対して懐疑的である。エイズが蔓延しているアフリカ全体で、ほとんどの孤児が、実際には親戚に引き取られていた。このことは、長い目で見れば、彼らにとって良いことかもしれない。しかし子どもたちを救済するための国家による支援や国際的な慈善活動は、比較的少ない状況にある。未来の家族に関わる数多くの領域でそうであるように、地域と世界との相互作用が可視化されてきている。

◆リプロダクティブ・ヘルス

各国の家族と国家の関係、とりわけ家族福祉政策を見ると、国家間で大きく異なっていることに気づく。このことは、現在も展開し続けている家族史の歴史的過程に再び目を向けさせる。印象的な事例の一つは、リプロダクティブ・ヘルスの分野である。アメリカもフランスも裕福な国家であるが、女性が利用できる資源は大きく異なっている。アメリカでは、新しい医療制度の影響が明らかになったために、今後、規定が変更になる予定であるが、二〇一〇年の時点では、リプロダクティブ・ヘルス政策の適用範囲は州によって異なっていた[2]。すなわち半分の州では、避妊薬は健康保険の範囲内ではなかった。例えば、コロラド州では、女性は避妊にかかる費用はもちろん、しばしば出産費用も自費で支払わなければならなかった。リプロダクティブ・ヘルスに関する規定は、健康政策改革をめぐる二〇〇九年から二〇一〇年の議論で最も物議を醸した論点の一つであった。

興味深いことに、フランスは対照的な状況であり、ほとんどのヨーロッパ諸国では、アメリカよりもフランスの状況と似通っていた。多くの専門家が、フランスではリプロダクティブ・ヘルスに対して最大限の公的支援が提供されているとみなしている。避妊と中絶に関する全ての費用が、国家の寛大な医療政策のおかげで、国家負担となって久しいだけではなく、出産と産後のケアも同様である。新しく母親となった女性は、数カ月の産後休暇と児童手当を得ることができ、また助成を受けた保育所だけではなく、近隣のクリニックや訪問看護を無料で利用することができる。

◆高齢者介護

ライフコースのもう一つの端にある、高齢者の状況と高齢者介護のための国家規定も、家族生活の新たな分野である。世界中で平均寿命が伸びるにつれ、家族は数世代がともに生き、関係を築かなければならないという新たな問題に直面している。イギリスの新聞に掲載された最近の記事で、ある女性は「自分の母親がまだ若いうちに子どもを産む方が賢明です(7)」と述べている。彼女のコメントは、彼女が置かれた立場を反映しており、イギリスだけではなくヨーロッパやそれ以外の地域で、多くの中年女性が置かれている立場と同じものである。すなわち彼女たちは、両親の老後の面倒をみなければならず、他方では自分の子どもの世話をしなければならないという板挟みの状態にいる。

この「板挟み世代」という現象は、女性が労働力として働き、出産を三〇代あるいは四〇代まで遅らせるような社会では、ますます一般的になっている。平均寿命が伸びる中、幼い子どもと年老いた両親を同時に世話しなければならない状況がしばしば生じている。例えばイギリスでは、全人口の一〇パーセントの人々〔約六五〇万人〕が、高齢の親を世話するという重大な責任を負っている。このうち一〇〇万人のイギリス人が子どもと高齢家族を同時に世話している。こうした人々のほとんどが現役世代である。この状況を、同様の人口動態を示す多くの国の政治家が注視している。家族や地域の介護者を支援するための選択肢をどのように提供していくのかに関して、政策レベルでの関心が高まっている。そのため、各国で、ますます増え続ける高齢者を対象とする支援の制度化に向けて、政策案が模索されている。これらの政策案において、子どもたちが現役世代になった際に、家庭生活や仕事を続けながら高齢者の世話ができるような支援の形が求められていることは間違いない。

高齢者介護をめぐっては、以前に人口抑制政策を行ったがゆえに、現代社会に特別な課題をもたらしたという教訓がある。中国において、人口増加を抑えることでより速く経済成長を促そうと、一九八〇年代と一九九〇年代に行われた一人っ子政策の結果、二一世紀の初頭までに新たな難局に直面することになった。すなわち、高齢者を世話する若者の数が高齢者の数に比して少ない状況が生まれたのである。このことは、中国では「四二一問題」として知られている。四人の祖父母（二組の夫婦）が産んだのは、全部で二人であり、その二人もまた、一人しか子どもがいないということになる。どうすれば、第三世代の子どもが一人で四人の祖父母の面倒を見ることができるのか。第三世代の子ども同士が結婚した場合、彼らは八人の祖父母の世話をしなければならず、しかも唯一の子孫となる自分たちの子どもも養わないといけないが、どうすればそんなことが可能なのか。四二一問題の結果、中国政府は一人っ子政策の再考と修正を余儀なくされた。厳密には、一人っ子政策の規定は地域ごとに異なっている。例えば、最近では一人っ子同士で結婚した場合、複数の子どもを持つことが許されている。そうすれば、一人で八人の祖父母の面倒を見る必要はなくなるので、祖父母が長生きしても問題はないだろう。これは、生活への期待の高まりや家族生活の変化の結果として、世界中の家族が直面している高齢者介護問題を検討する際の特異な事例である。

* * *

移住と養子縁組を通じた「グローバルな家族」の構築、家族とは何か、また家族とはどのようにして形成されるのかを再定義しようとする政治的課題、出産を劇的に変える新しい技術、世代間の権力関係を変化させる人口動態。これらはほんの一部にすぎないが、家族生活と家族に対する考え方が、いかにして過去を作り出してきたのかを映し出すと同時に、いかにして未来をも創り出すのかを指し示す、現代的ダイナミズムの事例なのである。

注

（1） The collection "Digitizing Immigrant Letters" at the University of Minnesota Immigration History Research Center, http://www.ihrc.umn.edu/research/dil/Paikens/paikens.htm から。

（2） Carl Mathes, "South Africa: A Model for the Future," *LA Progressive*, February 5, 2010, http://www.laproglessive.com/south-africa-model-future（二〇一一年一一月二四日閲覧）.

（3） 法定助言者による意見書は、以下のウェブサイトから入手できる。The American Historical Association, http://www.historians.org/Perspectives/issues/2010/1011/2002-11-08-goodridge-amicus-history.pdf（二〇一一年一〇月一日閲覧）.

（4） "Quaker Group Stops Certifying Marriages until Gay Marriage Legal," Minnesota Public Radio News, posted December 7, 2009, http://minnesota.publicradio.org/display/web/2009/12/07/quakermarriage/?refid=0（二〇一一年一〇月三日閲覧）.

（5）Stephanie Saul, "Building a Baby, With Few Ground Rules," *New York Times*, December 13, 2009.

（6）Ibid.

（7）Judith Woods, "Careers Caught in a Club Sandwich," *Daily Telegraph*, December 9, 2009.

訳注

〔1〕第三者が裁判所に提出した事件の処理に有用な意見や資料のこと。

〔2〕二〇一〇年にオバマ政権による医療保険制度改革法（Affordable Care Act）の成立により、女性の健康支援が手厚くなり、保険適用によって自己負担も縮小されたが、トランプ政権時代には、低所得者の医療ケアや中絶に関わる支援を制限する政策が打ち出された。二〇二二年六月には、バイデン大統領のもと、最高裁判所が人工妊娠中絶の権利を保障した一九七三年の「ロー対ウェイド」判決を覆したことで連邦法のもとに認められていた中絶の権利が違憲とされた。

参考文献

第1章

Cook, Micheal, *A Brief History of the Human Race*, New York: W. W. Norton, 2003.〔マイケル・クック著、千葉喜久枝訳『世界文明一万年の歴史』柏書房、二〇〇五年〕

Gamble, Clive, *Origins and Revolutions: Human Identity in Earliest Prehistory*, Cambridge: Cambridge University Press, 2007.

Smail, Daniel Lord, *On Deep History and the Brain*, Berkeley: University of California Press, 2008.

Tattersall, Ian, *The World from Beginnings to 4000 BCE*, New York: Oxford University Press, 2008.

第2章

Ahmed, Leilla, *Women and Gender in Islam: Historical Roots of a Modern Debate*, New Haven: Yale University Press, 1992.〔ライラ・アハメド著、林正雄ほか訳『イスラームにおける女性とジェンダー――近代論争の歴史的根源』法政大学出版局、二〇〇〇年〕

Brown, Peter, *The Body and Society: Men, Women, and Sexual Renunciation in Early Christianity*, New York: Columbia University Press, 1988.

Doniger, Wendy, *The Hindus: An Alternative History*, New York: Penguin, 2009.

Lerner, Gerda, *The Creation of Patriarchy,* New York: Oxford University Press, 1986.

Paul, Diana, *Women in Buddhism; Images of the Feminine in the Mahayana Tradition,* Berkeley: University of California Press, 1985.

Raphals, Lisa, *Sharing the Light: Women and Virtue in Early China,* Albany: State University of New York Press, 1998.

第3章

Andre, Traci, ed., *Ancient Maya Women,* Walnut Creek, CA: Altamira, 2002.

Bradley, Keith R., *Discovering the Roman Family: Studies in Roman Social History,* New York: Oxford University Press, 1991.

Nelson, Sarah Milledge, ed., *Ancient Queens: Archaeological Explorations,* Lanham, MD: Altamira, 2003.

Polgreen, Lydia, "Timbuktu Hopes Ancient Texts Spark a Revival," *New York Times,* August 2. 2007.

Pomeroy, Sarah, *Goddesses, Whores, Wives, and Slaves,* New York: Shocken, 1995.

Roller, Duane W., *Cleopatra: A Biography,* New York: Oxford University Press, 2010.

Watterson, Barbara, *Women in Ancient Egypt,* New York: St. Martin's, 1991.

第4章

Ebrey, Patricia, *The Inner Quarters: Marriage and the Lives of Chinese Women in the Sung Period,* Berkley: University of California Press, 1993.

Herlihy, David, *Tuscans and their Families,* New Haven: Yale University Press, 1985.

Kinney, Anne Behnke, ed., *Chinese Views of Childhood,* Honolulu: University of Hawaii Press, 1995.

Lal, Ruby, *Domesticity and Power in the Early Mughal World,* New York: Cambridge University Press, 2005.

Ozment, Steven E., *Three Behaim Boys Growing Up in Early Modern Germany: A Chronicle of Their Lives,* New Haven: Yale University Press, 1990.

Roper, Lyndal, "Luther: Sex, marriage, and Motherhood," *History Today* 33: 12 (December 1983): pp. 33–38.

Seed, Patricia, *To Love, Honor, and Obey in Colonial Mexico: Marriage Choice 1574–1821,* Stanford, CA: Stanford University Press, 1992.

Wiesner-Hanks, Merry, *Women and Gender in Early Modern Europe,* 2nd ed., New York: Cambridge University Press, 2000.

第5章

Blusse, Leonard, *Bitter Bonds: A Colonial Divorce Drama of the Seventeenth Century,* Princeton, NJ: M. Wiener, 2005.

Colley, Linda, *The Ordeal of Elizabeth Marsh: A Woman in World History,* New York: Pantheon, 2007.

Davis, Natalie Zemon, *The Return of Martin Guerre,* Cambridge: Harvard University Press, 1984.〔N・Z・デーヴィス著、成瀬駒男訳『帰ってきたマルタン・ゲール――一六世紀フランスのにせ亭主騒動』平凡社、一九九三年〕

Gonzalez, Ondina E., and Bianco Premo, eds., *Raising an Empire: Children in Early Modern Iberia and Colonial Latin America,* Albuquerque: University of New Mexico Press, 2007.

Hecht, Tobias ed., *Minor Omissions: Children in Latin American History and Society,* Madison: University of Wisconsin Press, 2002.

Mann, Susan, *Precious Records: Women in China's Long Eighteenth Century,* Stanford, CA: Stanford University Press, 1997.

O'Connor, Kaori, "The King's Christmas Pudding: Globalization, Recipes, and the Empire of Commodities," *Journal of Global History* 4 (2009), pp. 127-155.

Reid, Anthony, *Southeast Asia in the Age of Commerce 1450-1800,* 2 vols, New Haven: Yale University Press, 1988.

Roth, Cecil, *Dona Gracia of the House of Nasi,* Philadelphia: Jewish Publication Society, 2009.

Studnicki-Gizbert, Daviken, *A Nation upon the Ocean Sea: Portugal's Atlantic Diaspora and the Crisis of Spanish Empire, 1492-1640,* New York: Oxford University Press, 2007.

第6章

Allen, Ann Taylor, *Feminism and Motherhood in Western Europe, 1890-1970: The Maternal Dilemma,* New York: Palgrave, 2007.

Desan, Suzanne, *The Family on Trial in Revolutionary France,* Berkeley: University of California Press, 2004.

Fersebner, Susan, "A People's Playthings: Toys, Childhood and Chinese Identity, 1909-33," *Postcolonial Studies* 6: 2 (2003), pp. 269-293.

Glosser, Susan, *Chinese Visions of Family and State, 1915-1953,* Berkeley: University of California Press,

2003.

Hamlin, David, *Work and Play: The Production and Consumption of Toys in Germany, 1870-1914,* Ann Arbor: University of Michigan Press, 2007.

Honig, Emily, *Sisters and Strangers: Women in the Shanghai Cotton Mills,* Stanford, CA: Stanford University Press, 1992.

Jacobs, Harriet A., *Incidents in the Life of a Slave Girl: Written by Herself,* edited by Jenifer Fleischner, Boston: Bedford/St. Martin's, 2010.

Kertzer, David, and Marzio Barbagli, *Family Life in the Long Nineteenth Century, 1789-1913,* New Haven: Yale University Press, 2002.

Mann, Suasn, *The Talented Women of the Zhang Family,* Berkeley: University of California Press, 2007.

Maynes, Mary Jo, *Taking the Hard Road: Life Course in French and German Workers' Autobiographies in the Era of Industrialization,* Chapel Hill: University of North Carolina Press, 1995.

Popp, Adelheid, *The Autobiography of a Working Woman,* Chicago: T. G. Browne, 1913.

Pruitt, Ida, *The Daughter of Han: The Autography of a Chinese Working Woman,* 1945, reprinted by Eastford, CT: Martino Fine Books, 2011.〔アイダ・プルーイット著、松平いを子訳『漢の娘――寧老太太の生涯』せりか書房、一九八〇年〕

Smith, Bonnie G., *Ladies of the Leisure Class: The Bourgeoises of Northern France in the Nineteenth Century,* Princeton, NJ: Prinston University Press, 1981.〔ボニー・G・スミス著、井上堯裕・飯泉千種訳『有閑階級の女性たち――フランスブルジョア女性の心象世界』法政大学出版局、一九九四年〕

第7章

Bayly, Susan, "Narrating Family Lives in Present-day Hanoi," in *Asian Voices in a Postcolonial Age: Vietnam, India and Beyond,* Cambridge: Cambridge University Press, 2007.

Clancy-Smith, Julia, and Frances Gouda, eds., *Domesticating the Empire Languages of Gender, Race and Family Life in French and Dutch Colonialism,* Charlottesville: University Press of Virginia, 1998.

De Grazia, *Victoria, How Fascism Ruled Women: Italy, 1920–1945,* Berkley: University of California Press, 1992.

May, Elaine Tyler, *Homeward Bound: American Families in the Cold War Era,* New York: Basic Books, 1988.

Meriwether, Margaret, and Judith E. Tucker, eds., *Social History of Women and Gender in the Modern Middle East,* Boulder, CO: Westview, 1999.

The Modern Girl around the World Research Group, *The Modern Girl around the World: Consumption, Modernity and Globalization,* Durham, NC: Duke University Press, 2008.

Mouton, Michelle, *From Nurturing the Nation to Purifying the Volk: Weimar and Nazi Family Policy, 1918–1945,* Princeton, NJ: Princeton University Press, 2009.

Strobel, Margaret, and Nupur Chaudhuri, eds., *Western Women and Imperialism: Complicity and Resistance,* Bloomington: Indiana University Press, 1992.

Thompson, Elizabeth, *Colonial Citizen: Republican Rights, Paternal Privilege, and Gender in French Syria and Lebanon,* New York: Columbia University Press, 2000.

White, Tyrene, *China's Longest Campaign: Birth Planning in the People's Republic of China,* Ithaca, NY:

Cornel University Press, 2006.
Wildenthal, Lora, *German Women for Empire, 1884–1945*, Durham, NC: Duke University Press, 2001.

ウェブサイト

(1) America from the Great Depression to WWII: Photograph from the FSA-OWI 1935–1945（https://lcweb2/loc.gov/ammeter/fsahtml/fathomed.html）

このサイトには、Farm Security Administration/Office of War Information Collection of the Library of Congress の一六万点に及ぶ写真が掲載されている。画像のキーワード検索が可能であり、田舎町や小さな町で生活するアメリカ人の自宅や仕事場、娯楽の場で撮られた写真を通して、世界大恐慌、アメリカ中南部の大草原地帯を襲った土砂嵐の被害状況、農業の機械化の進展がもたらした不都合な実態を知ることができる。

〔残念ながら、現在は存在しないようである。しかし一九三五年から四四年の Farm Security Administration/Office of War Information の一七万五〇〇〇点にも上るモノクロ写真は次のサイトから検索可能である。https://www.loc.gov/pictures/collection/fsa/about.html〕

(2) Children & Youth in History（https://chnm.gmu.edu/cyh/）

過去から現在までの若者に関する一次史料を教師と生徒に提供しているサイトである。George Mason University の Roy Rosenzweig Center for History and New Media と University of Missouri-Kansas City によって作られた。

(3) Coming of Age in Ancient Greece（https://hoodmuseum.dartmouth.edu/explore/exhibitions/coming-age-ancient-greece）

Dartmouth College の Hood Museum of Art 内にあるサイト。古代ギリシアの書籍から引用した子どもに関する記述や、死亡した子どもの墓の画像も掲載されている。

（4）German History in Documents and Images（https://Germanhistorydocs.ghi-dc.org）

このサイトは二カ国語で書かれており、ワシントンにあるGerman Historical Instituteによって運営されている。家族生活を含むドイツ史全般に関するエッセイや画像、翻訳された資料が掲載されている。

（5）Heilbronn Timeline of Art History（https://www.metmuseum.org/toah）

このサイトは、Metropolitan Museum of Artによって運営されており、世界史全般の芸術的な描写に関するエッセイや画像が掲載されている。これらの資料は時代と地域によって分類されている。

（6）Liberty, Equality, Fraternity: Exploring the French Revolution（https://revolution.chnm.org）

このサイトは、Roy Rosenzweig Center for History and New Media（George Mason University）とAmerican Social History Project（City University of New York）によって運営されており、ジェンダー関係や家族関係に関する資料も含めて、フランス革命期に関連した資料六〇〇点が掲載されている。

（7）The National Museum of American Jewish History（https://www.nmajh.org/collection.asps）

この美術館のサイトから、美術館入館者から寄贈されたアメリカ系ユダヤ人の生活全般と家族生活に関するデジタル画像や物語にアクセス可能である。

（8）A Visual Sourcebook of Chinese Civilization（https://depts.washington.edu/chinaciv/timeline.htm）

このサイトはPatricia Buckley Ebreyによって提供されており、中国史の日常生活に関する画像、地図、情報を掲載している。

（9）Visualizing China（https://visualisingchina.net/）

このサイトはUniversity of BristolのDepartment of Historical Studiesによって運営されており、何百もの家族、子ども、家庭の写真を含む、一八五〇年から一九五〇年までに中国で撮影された歴史的な写真をデジタル処理した画像八〇〇〇点以上を掲載している。またキーワード検索も可能。

⑽ Women in World History（https://Chnm.gum.edu/wwh/source.php）

George Mason University の Roy Rosenzweig Center for History and New Media による「Women in World History」プロジェクトが提供しているサイトであり、ここから世界中の女性に関する資料にアクセスすることができる。このプロジェクトは World History Matters〔世界史に関するポータルサイト〕の一部である。

⑾ The World Digital Library（https://www.wdl.org/en/）

このサイトは、U.S. Library of Congress と UNESCO によって運営されており、世界中の国や文化に関する重要な一次史料、とりわけ画像を、複数の言語で書かれたフォーマットを用いて利用可能である。視聴者は時代と地域で検索可能である。

〔二〇二一年からアメリカ議会図書館のサイトに移されている。新しいアドレスは次の通り。https://www.loc.gov/collections/world-digital-library/〕

⑿ Ying Yu Tang: A Chinese Home（https://www.pem.org/visit/yin-yu-tang/）

このサイトは、Peabody Essex Museum によって運営されている。中国の数世代にわたる家庭の描写が掲載されており、家族史について調べることが可能である。

＊ここに書かれた情報は、本書の原著が出版された二〇一二年当時のものであるため、二〇二三年六月に訳者が確認し、修正が必要なものについては訳者による補足説明を加えた。

訳者あとがき

本書は、ヨーロッパ史・ジェンダー史研究者メアリー・ジョー・メインズ（Mary Jo Maynes）と中国家族史研究者アン・ウォルトナー（Ann Waltner）の共著、*The Family: A World History*（Oxford: Oxford University Press, 2012）の全訳である。

本書が目指したのは、文字史料が登場する以前、すなわち紀元前一万年から現在に至るまでの長期的な時間軸と、西ヨーロッパに限定されない世界的な空間軸を掛け合わせ、家族を歴史の中心に据えたときに見えてくる人間社会の展開を明らかにすることである。考古学や文化人類学を含む、様々な地域・社会に関する種々の先行研究をもとに本書が明らかにしたのは、農耕社会が形成されて以降、家族生活のあり方がその時々の統治の論理の範例として用いられ、またそうであるがゆえに家族に対する規範・掟・規則が政治の中心に置かれ、為政者の関心を惹きつけてきた歴史的プロセスである。

家族生活を通して社会を見ようとする場合、政治の問題とともに際立って重要なのは、宗教との関係である。本書は各地の起源神話や宗教を、家族の視点から読み解くことで、家族生活と宗教実践との多様な葛藤・緊張のありようを示した。政治や宗教だけではなく、グローバル経済の発展にも、親族ネットワークが極めて重要な役割を果たしたが、それは人々の移動によって拡大する一方で、人やモノの移動を促しもした。本書において何度も繰り返されているように、家族生活が変化することで、歴史的な諸力が形成され、かつそうした力によって家族生活が形成され続けてきた。本書は、この家族を通して浮かび上がる歴史的ダイナミズムを、時間と空間にまたがる共通点や相違点を駆使して、力強く描き出している。著者の言葉を借りれば、家族を歴史の中心において先史時代から現代までの長期的な展開を読み解こうとするこのディープ・ヒストリーは、「詳細を覆い隠してしまうことになるとしても、大まかな輪郭を描くことを可能にする」(本書六頁)ものであり、我々人類がいかにして過去を作り出してきたのか、そして未来を創り出すのかを指し示すものと捉えることができる。

「航空写真」のような俯瞰的な歴史的展開を描き出しているとはいえ、これに説得力を与えているのは、興味深い各地の独自のエピソードである。本書が取り上げた国家や社会は、紀元前一万年の居住地を皮切りに、時代に従って、トルコのチャタルヒュユク、中国北部の仰韶文化、ペルーのパロマやカラル、古代エジプト、古代メソポタミア、古代中国、古代マヤ、古代ギリシア、西アフリカの古代都市トンブクトゥ、西アフリカのワラタ、オスマン帝国、ムガル帝国、スペイン王国とその植民地メキシコ、産業革命期のイギリス、革命期のフランス、清朝および中華民国時代の中国、仏領西アフリカとアルジェリア(北アフリカ)、独領東アフリカと南西アフリカ、ムッソリーニ率いるイタリア、ナチ政権下のドイツ、第二次世界大戦および冷戦下のアメリカとソ連、第二次世界大戦後の東西ドイツと再統一後のドイツ、フランス植民地時代から現在までのベトナム、そして現在のアメリカ、フランス、中国など多岐にわたっている。とはいえ、もちろん地域的偏りはあり、残念ながら日本に関する記述は、地名を除けば、近世にマレーシアで活躍した中国商人を説明する際に、その比較として日本商人が取り上げられているだけである。描かれていない地域がたくさんあるとはいえ、家族をめぐって世界各地を旅するがごとく記述されるエピソードはとても興味深く、これらを読むと、家族のあり方や家族をめぐる問題の表出の仕方が極めて多様であること、そしてどの国家や社会でもこの問題が非常に重要な問題であったことがよくわかる。宗教に関しても、キリスト教（カトリックとプロテスタント）、ヒンドゥー教、イスラーム教、仏教、ゾロアスター教に加えて、各地の神話や女神伝説も取り上げられ、またアルメニア人やセファルディム系ユダヤ人の商業コミュニティ、中国商人によるマレーシアでの商業活動、オランダ商人やイギリス商人の植民地貿易やカリブ海、大西洋、東西インド洋で展開された奴隷制、ドイツやスイス、オーストリアの小農家族、イングランドの綿産業や中国の農村地など、グローバルな経済活動を示すエピソードもふんだんに描かれている。

これらのエピソードや鍵となる展開については、本文を読んでいただくことにして、ここでは本書が自らを「ディープ・ヒストリー」と称して家族史を描くことで、開かれた議論を可能にする論点が浮かび上がってきたと同時に、逆に不可視化される文脈も生み出されたことについて指摘しておきたい。

本書を読むと、女性の再生産能力（子どもを産むこと）をめぐる問題が、最古の時代から現代に至るまで、統治の問題としても家族の問題としても、極めて重要であり続けてきたことがわかる。本書の終章で未来へとつながる新しい家族をめぐる問題として論じられているリプロダクティブ・ヘルスの問題が、長期的なスパンでこの問題を俯瞰してみると、現代的課題や女性個人の問題ではなく、また特定の場合を除けば「本能」や「生物としての行為」といった言葉で語られるような領域でもないことがよくわかる。むしろ、再生産能力が政治的に極めて重要であったからこそ、子どもを産む場所として家族がシステム化され、「子どもを産むこと」をめぐって個人の生き方への介入が時代と空間を超えて繰り返し行われてきたといえるだろう。この問題に注目することでどのような議論の広がりがみえてきたかの全体像を論じるのは訳者の力量を超えるので、以下、この問題から生じる論点のいくつかについて考えたことを述べてみたい。

本書が示したように、世界中で人類が定住するようになって以降、初期の社会が構築される過程の中で見られたジェンダー化された分業は、「性別役割分業」という言葉からイメージされる、「女性は出産、男性は狩り」という分業を意味するのではなく、男女が食料調達や、そのための道具と生活必需品の製作にそれぞれ別々の役割を担いながらともに貢献したことを意味している。DNAなどの分析技術の発展によって判明したこれらの新しい知見をもとに考えると、人類史の初期において、女性の活動は再生産に限定され、人類の文化的発展にほとんど寄与しなかったという理解は、著者が言うように確かに説得的ではない。女性や家庭生活は取るに足らない存在だったのではなく、むしろ文化の新しい発展を促す基礎であったと理解する方が妥当であろう。一方で、ここで改めて確認しておくべきことは、女性は子どもを産むことに限定された生活を送っていたわけではないとはいえ、各地で発見されている土偶が象徴するように、再生産能力がときに神秘的な形で重要視されていたことである。

本書でも参照されているゲルダ・ラーナーの『男性支配の起源と歴史』では、よりこの点が明確に論じられている（ゲルダ・ラーナー著、奥田暁子訳『男性支配の起源と歴史』三一書房、一九九六年）。農耕社会の出現以降、女性の生殖能力／再生産能力は、結婚という形で交換されるようになった。ラーナーによれば、これは女性のモノ化と男性による支配を意味しており、家族内部、あるいは家族間においてだけではなく、人口管理として統治の論理に利用されることで、家父長制が政治・家族領域において長い歴史的プロセスを経て作り上げられた。ここで特に強調されるのは、女性もまたこれを作り出した共犯者だということである。自立を拒否された女性たちは、保護に依存し、自分や自分の子どもにとってできるだけ良い取引をするために闘い、その結果として、家父長制が強化されたというのである。女性がこの家父長制を長きにわたって批判できなかったのは、女性が教育の機会を与えられていなかったからだとするラーナーの主張は、教育の力を過信した意見であり、教育の複雑で多面的な歴史を単純化しているという意味で、さらなる検討を必要とすると思われるが、しかし本書でもこのスタンス、すなわち家父長制は何か一つのきっかけで生じたシステムではなく、長い歴史的プロセスの中で形成されたもの、ということは共有されている（前掲書、一五～一六、九九頁）。

ラーナーや本書が主張するように、何千年にもわたって女性の再生産能力が家長あるいは為政者の支配下に置かれていたとしても、歴史上、全ての女性たちが支配に甘んじていたわけではなく、その時々の状況に応じて女性たちは、再生産能力の支配権をめぐって闘ってきた。本書でもゾロアスター教社会に生きた女性の中には強制的な結婚から逃れるために、「殉教者」としての死を選ぶ者がいたことが書かれているし、本書でも引用された、北アメリカで奴隷として生まれたハリエット・ジェイコブズの自伝には、所有権を主張して性的関係を迫り、執拗に追いかけてくる男性所有者から逃げて、自らの人生を歩もうとするハリエットの命を賭けた奮闘が描かれている。また一八世紀の西インド諸島の女性奴隷たちは、「子どもが自分たちのような奴隷にはならないように」、オウコチョウという植物の種子を中絶薬として用いた（舘かおる編著『テクノ／バイオ・ポリティクス――科学・医療・技術のいま』作品社、二〇〇八年、一五～一七頁）。もちろん何かを強いられたのは常に女性だったわけではないし、強いる側に女性がいなかったわけでもない。その意味で、「女性の抵抗」をことさら強調する必要はないかもしれない。本書でも言及されたナチ政権下のニュルンベルク法や第二次世界大戦後に制定された南アフリカの雑婚禁止法は、性別に関係なく再生産能力を自由に行使することを法律によって強制的に禁止した事例である。この問題を各国の特殊な事例として、あるいは男女の権力関係から理解するのではなく、両性に関わる再生産能力をめぐる長い歴史的展開の一つと捉える視点が重要であることに改めて気づかされた。

家族に対する法や掟、習わし、規則が様々に作られてきた文脈においては、女性であれ男性であれ、再生産能力の行使を自分で決定することができるかどうかは、「生きること」をめぐる重要な問題であった。夫の家系に連なる男性相続人を産むためだけに、夫の親族の妾となることを強要されたゾロアスター教徒の女性も、再生産能力を目当てに北アメリカに強制的に連れてこられ、プランターに「重宝」されたアフリカ人の女性奴隷も、一九七〇年代のインドで政府が強制断種政策を断行する際に、トランジスタラジオの代わりにパイプカットされた男性も、そしてナチ政権下のユダヤ人や同性愛者、ジプシーと呼ばれた人々、人種差別主義体制下にあった南アフリカの「白人と結婚したい黒人」と「黒人と結婚したい白人」も、自分では自らの再生産能力を管理し、これを決定することはできなかった。その意味で、自分の再生産能力を自分のものとして利用している代理母は、これまでの他者からの強制的な交換とは異なる、再生産能力の支配権をめぐる新たな闘いを行っていると考えることも可能である。もちろん、代理母が常に本人の意思に基づくわけではないことや、ブローカーや契約者に搾取されている事例を考えると、これを代理母の自己決定によるものと安易に考えることには留意が必要であろう。とはいうものの、代理母の存在は、再生産能力を「結婚によって交換されるものとする枠組み」を崩したとも見て取れる。著者が指摘したように、代理母には道徳的・倫理的・法的問題がつきまとっているし、また自分の再生産能力を商品化しているという点が、どれほど免罪符になるのかは慎重に議論する必要があるだろう。このように考えていくと、代理母の問題は、結局、再生産能力の交換をめぐる文脈に位置づくものであり、結婚に代わる別の契約によって再生産能力を受け渡しているだけなのかもしれない。そして、この再生産能力に価値を見出す考え方がある限り、そしてそれが人類の発展に必要不可欠だとみなされている限り、形を変えてこの問題は存在し続けることを例証しているように思う。

続いて本書の課題として、家族を歴史の中心に置いたことで、見えにくくなってしまったことについて、二点、簡単ではあるが述べてみたい。見えにくくなってしまったことの一つ目は、家族外にいる人々の存在である。とりわけ、訳者の関心に照らしていえば、孤児や捨て子、また家族がいながらにして養育を受けていなかった虐待児や極貧児について、本書では、終章の国際養子縁組について論じている箇所以外では記述がない。訳者は別の著書で、「歴史をひもといてみても、あるいは現在さまざまな国でとられている政策を見ても、すべての子どもが家族の枠組みのなかで生まれ育つわけではな」く、「どの家族にも包摂されなかった子どもが、その後どのようにして「生きた」のか、あるいは「生きられなかった」のかは、家族を枠組みとする分析ではなかなか明らかにすることができ」ないと指摘した（岩下誠・三時眞貴子・倉石一郎・姉川雄大『問いからはじめる教育史』有斐閣、二〇二〇年、四四頁）が、本書でも残念ながら彼らの生について語られることはなかった。歴史上、家族に包摂されなくても、生き抜いた人々がいたことは確かであるし、人は常に途切れることなくどこかの家族に属していた／いるわけではない。誰もが家族の中で生きるという認識は相対化する必要があるだろう。この点から、約一万二〇〇〇年を辿る本書の記述の中で、この問題が現代的課題としてしか記述されないのは、大変残念なことである。しかし著者自身が国際養子縁組について問題提起をする際に述べたように、この問題には「常に家族をめぐる価値観と家族政策が関わっている」。終章とはいえ、家族をめぐる問題として孤児の「その後」が取り上げられたことは、長期的かつ空間的に幅広い視点から、孤児や捨て子、適切な養育を受けていない子どもを家族という視点から描き出すことの可能性を示しているともいえる。家族という視点から家族に包摂されない子どもや人々に関する歴史的展開の「大まかな輪郭」を描いたときに何が見えるのか、家族という範例／枠組みは彼らにとってどのような意味を持ったのか、これは訳者自身の課題にしたい。

二つ目は男性と女性という区分に関する問題である。家族に焦点を当てると、その成員のジェンダーをめぐる問題を無視することはできない。本書でもジェンダー史の知見がふんだんに用いられている。しかし残念ながら、男性と女性という二つの区分で性を区切ることはできないという、現代では「当然の」見解に基づいた分析は、終章になるまでほとんど出てこない。同性愛的な関係が現代に生じたことではなく、人類史の長い文脈の中に存在していたことは知られているが、本書では、ナチ政権下の差別的な人口政策において同性愛者が排除されたことと現在の同性婚をめぐる論争以外では、この問題が語られることはなかった。このことは、家族を歴史の中心に置くと、この問題が見えにくくなってしまうことを意味するのだろうか。それとも、政治や政策、掟や規則といった側面から家族を見てしまうと、この問題は「大まかな輪郭」の中には含まれなくなるということだろうか。あるいは歴史的に描かれる同性愛者は「男性」同士が多いことが何か影響を及ぼしているのだろうか。様々な可能性はあるだろうが、本書の内容に照らして考えてみると、再生産能力に重きを置き、連綿と続く系譜を持つものとして家族を捉えた場合、あるいは男女の組み合わせで家族は形成されると捉えると、男女以外の性の捉え方や異性間にとらわれない関係性は見えなくなってしまい、見えたとしても人口政策や家族の存続といった文脈と衝突する場合だけになるということなのかもしれない。

著者の言葉として先に引用したように、本書は、長期的かつ世界的な視点から人間社会の展開を示そうとするものであることを踏まえると、記述された地域の偏りや、見えにくくなるものが生じることは当たり前なのかもしれない。その意味で、これら「不足している問題群」を指摘するだけでは意味がない。そうではなく、訳者も含めた読者がそれぞれの専門分野の視点から、見えにくくなるものを見つけ、なぜ見えにくくなるものが生じるのか、これらを描き出すためには歴史の中心に何を置けばいいのかを検討し、多角的な視点からの歴史像を積み重ねていくことが重要だろう。

本書を読むと、家族の物語は「私的領域」に限定されるものではないことがよくわかる。また単に男性の歴史と女性の歴史を合わせたものではないことも理解できる。もっと正確に言えば、「私的領域」として語られることの多い、夫と妻、親と子ども、兄弟姉妹、その他の親族間の関係性や葛藤は、家族内部に閉じられたものではなく、社会の文脈に強い影響を受け続けてきたし、与え続けてきた。文字史料が残されていない時代も含めて長期的に各地の社会を検討するからこそ、家族と社会を作り出す多様な権力関係との結びつきが、より鮮やかに浮かび上がることを本書は示した。多様な先行研究を駆使して、家族という視点から歴史的ダイナミズムを提示する本書は、人間や社会に関心を持つあらゆる人々に、様々な示唆と刺激を与えてくれるだろう。

本書の訳出にあたっては、コロナ禍で大変な状況であったにもかかわらず、多くの方々に助けていただいた。特に監修者である秋山晋吾先生（一橋大学）は、序章から第五章を中心に大変丁寧に訳文を見てくださり、私が理解できていない点、本書には書かれていない背後の文脈など、ときにユーモアを交えながら、様々なことを教えてくださった。深く感謝している。また、メキシコ史の青木利夫先生（広島大学）、イギリス帝国史・ジェンダー史の並河葉子先生（神戸市外国語大学）、イギリス経済史の山本千映さん（大阪大学）、ドイツ史の北村陽子さん（名古屋大学）には、訳語や内容について丁寧な助言や解説をいただいた。改めてお礼を申し上げたい。訳注も含めて本書が読みやすいものになっているとすれば、この方々の助けがあったからである。また最後に、本書の企画から原稿提出まで訳者の力量不足で時間がかかってしまったが、その間、温かく見守ってくださり、適切な助言と励ましをいただいたミネルヴァ書房編集部の岡崎麻優子さんに、記して心からの謝意を表したい。

二〇二三年八月　暑さに負けず元気に笑う息子の声を聞きながら

三時眞貴子

索　引

（＊は人名）

あ　行

か　行

た　行

ま　行

や　行

ら　行

《訳者紹介》

三時眞貴子（さんとき・まきこ）

1974年　生まれ。
2001年　広島大学大学院教育学研究科博士課程後期課程満期退学。
2010年　博士（教育学）（広島大学）。
現　在　広島大学大学院人間社会科学研究科准教授。
主　著　『教育支援と排除の社会史――「生存」をめぐる家族・労働・福祉』（編著）昭和堂，2016年。
タラ・ザーラ著『失われた子どもたち――第二次世界大戦後のヨーロッパの家族再建』（監訳）みすず書房，2019年。
『問いからはじめる教育史』（共著）有斐閣，2020年。

ミネルヴァ世界史〈翻訳〉ライブラリー⑤
家族の世界史

2023年12月20日　初版第1刷発行　〈検印省略〉

定価はカバーに
表示しています

訳　者　三　時　眞貴子
発行者　杉　田　啓　三
印刷者　江　戸　孝　典

発行所　株式会社　ミネルヴァ書房
607-8494 京都市山科区日ノ岡堤谷町1
電話代表（075）581-5191
振替口座 01020-0-8076

共同印刷工業・新生製本

ISBN978-4-623-09601-5
Printed in Japan